新编21世纪高等职业教育精品教材
婴幼儿托育服务与管理系列

校企“双元”合作新形

婴幼儿
游戏活动设计与指导

（配实训工作手册）

主　编／吴　倢　花　蕾　陈　玮
副主编／张英杰　杜雪腾
参　编／刘彦宏　张　扬　陈启丹　叶　修

中国人民大学出版社
· 北京 ·

图书在版编目（CIP）数据

婴幼儿游戏活动设计与指导：配实训工作手册 / 吴倢，花蕾，陈玮主编. -- 北京：中国人民大学出版社，2024.2

新编 21 世纪高等职业教育精品教材. 婴幼儿托育服务与管理系列

ISBN 978-7-300-32482-1

Ⅰ. ①婴… Ⅱ. ①吴… ②花… ③陈… Ⅲ. ①婴幼儿－游戏－教学设计－高等职业教育－教材 Ⅳ. ① G613.7

中国国家版本馆 CIP 数据核字（2024）第 010244 号

新编 21 世纪高等职业教育精品教材 · 婴幼儿托育服务与管理系列

校企“双元”合作新形态教材

婴幼儿游戏活动设计与指导（配实训工作手册）

主　编　吴　倢　花　蕾　陈　玮

副主编　张英杰　杜雪腾

参　编　刘彦宏　张　扬　陈启丹　叶　修

Yingyou’er Youxi Huodong Sheji yu Zhidao

出版发行	中国人民大学出版社		
社　　址	北京中关村大街 31 号	**邮政编码**	100080
电　　话	010－62511242（总编室）		010－62511770（质管部）
	010－82501766（邮购部）		010－62514148（门市部）
	010－62515195（发行公司）		010－62515275（盗版举报）
网　　址	http://www.crup.com.cn		
经　　销	新华书店		
印　　刷	北京密兴印刷有限公司		
开　　本	787 mm × 1092 mm　1/16	**版　　次**	2024 年 2 月第 1 版
印　　张	14.75	**印　　次**	2025 年 1 月第 2 次印刷
字　　数	305 000	**定　　价**	49.00 元

前言

游戏是0～3岁婴幼儿日常生活中的一项基本活动，是婴幼儿早期特有的一种学习方式，因此，具备较强的游戏设计、组织与指导能力是对0～3岁托育从业者的基本要求。做好托育职业教育专业教材建设工作是贯彻党中央决策部署、发展普惠托育服务体系的迫切要求。本教材以习近平新时代中国特色社会主义思想为指导，贯彻落实党的二十大精神，立足于“三教”改革，持续强化教材建设顶层设计，遵循教材建设规律和职业教育教学规律，以满足托育人才培养需求为导向，以托育技术技能进步和专业发展为驱动，对接托育职业标准和岗位能力要求，以“岗课赛证”融通为抓手，注重增强教材的科学性、实用性、通俗性、趣味性、职业性、拓展性。

（1）科学性：本教材按照托育从业者的游戏工作科学合理设计教学体系，先总体进行概述，帮助从业者树立正确的游戏观，再逐一进行不同月龄段婴幼儿的游戏活动设计与指导，最后介绍游戏观察记录与评价，便于教师通过循序渐进的教学设计开展教学工作，也有利于从业者更好地掌握教学内容。

（2）实用性：本教材根据托育人才的培养目标，避免大篇幅理论性讲述，而是将从业者在未来工作中最常用、最实用的知识与技能简洁地呈现。

（3）通俗性：为便于从业者更好地掌握本课程教学内容，本教材遵循“适度、浅显”的原则，从最直观的角度来介绍知识和技能。

（4）趣味性：本教材选取了大量的游戏案例，并配备游戏图片及操作视频，具有一定的工作情境性；同时在“知识拓展”栏目引入相关知识作为补充拓读，旨在提升从业者学习和阅读的兴趣。

（5）职业性：本教材配备大量实际操作游戏参考视频，同时考虑工作任务的开展，设计了实训任务，引领从业者进行游戏技能的操作体验训练，具有鲜明的职业教育特色。

（6）拓展性：本教材还配备了丰富的教学资源，含PPT课件、电子教案、习题等，为师生顺利开展教学提供了便利。

本教材由吴健拟定编写框架、撰写全书提纲并审阅统稿。编写团队具体分工如下：第一章由吴健、叶修共同完成，第二章由刘彦宏、花蕾、陈玮共同完成，第三章由杜雪腾完成，第四章由张英杰完成，第五章由陈启丹、张扬共同完成。

本教材在编写过程中参阅了大量国内外专家学者、同人的研究成果，引述诸多，未能一一注明，在此说明，恳请作者见谅，并向作者表示谢意。

由于婴幼儿游戏活动设计与指导的理论和实践均处于探索阶段，加之编者学识水平所限，书中难免存在不足之处，恳请广大读者批评指正，多提宝贵意见！

编　者

2023 年 9 月

目录

第一章 游戏概述

- 游戏概述
  - 第一节 认识游戏
    - 什么是游戏
    - 游戏的本质学说
    - 游戏的特征
  - 第二节 游戏与婴幼儿发展
    - 游戏与婴幼儿动作发展
    - 游戏与婴幼儿认知发展
    - 游戏与婴幼儿语言发展
    - 游戏与婴幼儿情感、社会性发展
    - 游戏与婴幼儿艺术启蒙
  - 第三节 影响婴幼儿游戏活动开展的因素
    - 主观因素
    - 客观因素

学习目标

知识目标：

1. 掌握游戏的本质特征；
2. 了解相关游戏理论观点；
3. 明确游戏对婴幼儿发展的意义；
4. 掌握影响婴幼儿游戏活动开展的因素。

能力目标：

能观察并用所学知识分析婴幼儿游戏的基本特征。

素质目标：

1. 激发对游戏的兴趣，对婴幼儿的游戏行为产生好奇；
2. 树立正确的游戏观。

课前导入

我国著名教育家陈鹤琴先生提出："小孩子生来是好动的，是以游戏为生命的。"游戏作为人类的一种重要文化形式，对婴幼儿的发展有着不可替代的意义。0～3岁婴幼儿处于身心发展的快速阶段，游戏作为促进其大动作与精细动作发展、认知发展、情感与社会性发展、艺术启蒙的重要载体具有重要的积极意义，同时也是婴幼儿最初探索学习的重要途径。

提问：你认为婴幼儿为什么游戏？目的是什么？

第一节 认识游戏

一、什么是游戏

游戏是一种普遍的社会文化现象，游戏在人类发展的历史长河中有着独特的作用，绝大多数人的童年与游戏密不可分。游戏的发生发展与婴幼儿的发展有着密切联系，婴幼儿的身心发展要求游戏不断深化，而游戏的深化又促进了婴幼儿的身心发展。这种发展是循序渐进的、呈阶段式螺旋上升的。那么，什么是游戏？游戏在婴幼儿的世界到底扮演怎样的角色呢？

对游戏进行清晰定义并非易事，游戏的历史可以追溯到人类诞生之初，可以说自从有了人类活动，游戏就产生了。"游戏"一词由"游"和"戏"构成。在古代中国，《诗经·邶风·谷风》中说"就其浅矣，泳之游之"，这里的"游"指生物在水面上的活动，这就表明游戏本身就是一种随意、自如的身体活动。与游不同，"戏"主要是指玩耍活动。《韩非子·外储说左上》曰"夫婴儿相与戏也，以尘为饭，以涂为羹，以木为胾，然至日晚必归饷者，尘饭涂羹可以戏而不可食也"，说的是"过家家"游戏，这里的"戏"指玩耍的意思。最早将"游"和"戏"二字联用的，大概是战国时期《韩非子·难三》中的"管仲之所谓言室满室、言堂满堂者，非特谓游戏饮食之言也，必谓大物也"。根据现代汉语的理解，游戏一词基本上保存了"游"和"戏"的语义，指随意地玩耍、活动、嬉戏和娱乐。

《牛津英语词典》对"游戏"（play）一词列出了一百多条不同的解释。"play"这个词有着多角度的动态概念，英文中还有"game""fun"等词与游戏相关，但game多指有规则的竞技活动，"fun"主要蕴含"乐趣"之意。三者均可表示游戏，涵盖了游戏结构中的不同要素。

二、游戏的本质学说

（一）经典游戏理论

19 世纪下半叶到 20 世纪 30 年代，出现了最早的儿童游戏理论，被称为经典游戏理论，主要包括精力过剩说、松弛说、生活准备说、复演说、成熟说等，如表 1－1 所示。

表 1－1 经典游戏理论观点

理论	创始人	游戏的目的
精力过剩说	席勒、斯宾塞	消耗过剩的精力
松弛说	拉扎鲁斯	恢复在工作中消耗的精力
生活准备说	格罗斯	完善成年生活所需的本能
复演说	霍尔	消除远古本能
成熟说	博伊千介克	游戏不是本能，而是一般欲望的表现

资料来源：Johnson，Christie，Yawkey．Play and Early Childhood Development．2nd ed．Boston：Pearson Education，1999．

1. 精力过剩说（剩余精力说）

精力过剩说主要由德国思想家席勒和英国哲学家、心理学家斯宾塞提出。该理论认为游戏是由于有机体需要宣泄体内剩余的精力而产生的。生物有机体除了有保护自己正常生存的精力之外，还必须通过一定的方式把体内剩余精力通过一定途径发泄出去，而游戏活动便是有机体剩余精力发泄的最好形式。有机体体内过剩精力越多，游戏活动就越多。

2. 松弛说

松弛说也称为娱乐说，主要由德国心理学家拉扎鲁斯提出，他认为游戏是由精力不足引起的。劳动使人们疲劳，而游戏可以恢复人们的体力。帕特端克发展了拉扎鲁斯的观点。帕特端克认为现代职业由于对抽象推理的要求更高，因此需要后天技能也越高，从而导致了现代人的精神压力更大。要解除这种过度的精神压力所造成的疲劳，就必须游戏。帕特端克进而推断“游戏”是由种族习惯和种族记忆激起的，儿童热衷于读有关动物的书籍，玩有关动物的游戏都是原始人以驯养动物为生的反映。这一观点为后来的复演说认同，并对此加以扩展。

3. 生活准备说

生活准备说也称为练习说，主要由德国心理学家格罗斯提出。格罗斯从生物进化论的角度出发阐述游戏的本质内涵，他认为儿童的游戏是在无意识中为将来生活做某种准备，这种准备是无目的的一种活动。虽然儿童天生具有本能，但本能并不能使儿童完成复杂的生活任务，这就需要儿童在本能基础上进行练习以完成任务，而儿童的游戏就是为其成熟做预备性练习。总之，游戏是人和动物从出生就具有的一种本能活动。游戏活动时间的长短随动物进化的程度而发生改变，儿童作为进化的高级动物，在成年后则需要复杂和完善的技能才能维持自己的生存与发展，因此，儿童期越长，游戏的时间也就越长。

4. 复演说

复演说是由美国著名心理学霍尔提出的，他认为游戏是远古时代人类祖先的活动特征在儿童身上的再一次重现。也就是说，儿童的游戏活动反映了从史前的人类祖先到现代人的整个进化过程。儿童的游戏只不过是人类祖先最早活动遗迹的再一次出现，祖先曾经做过动作、操作过的具体活动以及有关事物的态度都可以遗传下来。例如，儿童的团体游戏是儿童复演了人类部落时期的生活状况等。

5. 成熟说

荷兰心理学家博伊千介克认为，游戏不是本能，而是一般欲望的表现。引起游戏的三种欲望是：排除环境障碍获得自由、发展个体主动性的欲望；适应环境，与环境一致的欲望；重复练习的欲望。游戏的特点与童年的情绪性、模仿性、易变性、幼稚性相近。有童年才会有游戏。他反对格罗斯的本能论，认为游戏绝不是无目的的。

（二）现代游戏理论

从 20 世纪 30 年代到 20 世纪 60 年代出现的儿童游戏理论，被称为现代游戏理论。

1. 精神分析的游戏观

主要以奥地利著名精神分析学派的创始人弗洛伊德为代表，他认为，一切有机体都有天生的欲望，而人类的欲望因受压抑不能像动物那样随意表现。如果儿童的种种欲望不能得到表现，就会产生一系列心理学问题。游戏能保护儿童的心理发展，使儿童能成功逃脱现实生活中的强制和约束，能给儿童提供一个安全的途径来宣泄其负性情绪，进而补偿儿童在现实中不能实现的欲望，以被现实社会所允许的方式来表现，逐渐促进与发展自我。蒙尼格在弗洛伊德理论的基础上，认为儿童通过游戏能把身上固有的攻击性内驱力转化为社会所允许的放肆表现出来，能有效地降低儿童的情绪焦虑。精神分析自我学派的代表人物埃里克森依据弗洛伊德的理论并加以修正后提出了掌握理论。他认为游戏既可以降低焦虑，也可以使愿望达成。游戏活动能帮助自我协调生物因素和社会因素，通过个体与周围环境相互作用，能促进个体的人格发展。

2. 认知动力的游戏观

主要以瑞士心理学家皮亚杰为代表，他从儿童智力发展的总背景中来考察儿童游戏的产生与发展。皮亚杰认为，在儿童早期，由于认知发展水平较低，认知结构不成熟，儿童往往不能够在同化与顺应之间保持较好协调或平衡。如果同化作用超过顺应作用，那么儿童可能完全不考虑事物现实状况、目前的客观特征，而仅仅只是为了自我的需要与愿望去从事某种活动，进而改变现实情景，将外在事物、情景改造成能适应儿童原有发展水平和主观意愿的事物与情景，这就是游戏。所以，游戏的实质是同化超过了顺应。此外，皮亚杰也认为儿童游戏的发展阶段与儿童认知发展阶段相适应，呈现出相应的连续性和阶段性。在儿童认知发展的不同阶段，其游戏的发展水平也有高低表现。皮亚杰认为游戏主要包括三种水平：练习游戏、象征游戏和规则游戏，具体年龄划分见表 1－2。

表 1－2　皮亚杰理论中儿童发展阶段与游戏的关系

年龄划分	认知阶段	游戏类型
出生～2 岁	感觉运动阶段	练习游戏
2～7 岁	前运算阶段	象征游戏
7～11 岁	具体运算阶段	规则游戏

资料来源：Johnson，Christie，Yawkey. Play and Early Childhood Development. 2nd ed. Boston：Pearson Education，1999.

3. 行为主义的游戏观

主要以美国心理学家桑代克为代表，他运用学习理论来说明儿童游戏的产生机制，把儿童游戏看作是一种受学习练习律和效果律影响的学习行为，认为儿童的游戏是一种用其自身特有的行为方式进行归纳演绎的过程，在某种程度上也受社会文化和教育要求的影响。后来，新行为主义代表人物班杜拉则从社会学习理论来说明儿童游戏的获得机制，认为儿童的许多游戏行为都是通过观察和模仿现实或替代化的榜样行为而产生了具体的内在操作对象。在游戏活动中，儿童学会了既能坚持自己的权利，又能遵守游戏集体的规则与要求。

4. 社会活动的游戏观

主要以苏联心理学家维果斯基和艾里康宁为代表。维果斯基游戏理论的观点包括：游戏的实质是愿望的满足；儿童在游戏中创造了想象的情境，也创造了游戏规则；游戏在儿童的发展中起的巨大作用就是创造了儿童的“最近发展区”。艾里康宁认为游戏的主题来自个体的生活经验，游戏的主要特点是反映人们的活动和彼此之间的相互关系。他重点研究了角色游戏，并认为角色游戏是儿童主要的游戏，是较发达的一种游戏形式。社会活动的游戏观主要从马克思主义的活动论观点来解释儿童的游戏行为，该理论关于儿童游戏的基本观点包括以下几个方面：强调游戏是学前儿童的最重要的活动，主导着他们各方面的发展；强调儿童的游戏来自社会性的发展，反对游戏本能论的观点；强调儿童与成人的交往在游戏的发生、发展过程中的决定性作用。

三、游戏的特征

发展心理学家认为，游戏是适合婴幼儿身心发展的一种独特的活动，是促进婴幼儿心理发展的一种非常好的活动方式。婴幼儿在游戏中生活，在游戏中学习，同时也在游戏中获得发展。游戏对婴幼儿身心发展的重大作用是其他活动方式、教育方式所不可替代的，原因在于游戏具有以下特征。

（一）自主性

婴幼儿参与游戏，是出于自己的兴趣和愿望，由于游戏形式、材料和过程符合婴幼儿身心发展的要求，他们对游戏产生了兴趣，并主动参与游戏。在游戏中，婴幼儿的各种活动几乎没有什么限制，他们可以充分自由地活动，并从中得到快乐和发展。在婴幼儿游戏中，自愿和自主是两个重要条件，游戏的形式、材料，以及游戏的开始、结束都应由婴幼儿自己掌握，按照他们自己的意愿、体力、智力来进行。正因为游戏是婴幼儿自主的活动，婴幼儿在游戏中的态度是积极主动的。反之，如果游戏失去了自主性这一特征，变成由教育者和抚养者精心安排的活动，婴幼儿在不得已的情况下，被动地参加游戏并担任某一角色，从表面上看，婴幼儿是在参加游戏，实际上并没有真正地游戏，他们会认为只是在完成任务，所以也就失去了游戏的积极性。因此，只有充分尊重游戏者的意愿，发挥游戏者的主动性，才是真正的游戏。当然，从另一方面来看，婴幼儿在游戏中会受到环境条件以及成人和同伴的影响，出自完全的主动是比较少的。但是在游戏过程中，这些影响因素易于被婴幼儿接受，从而转变为婴幼儿自己的愿望和动机。

（二）趣味性

趣味性是游戏自身固有的特点，每种游戏都有趣味性。游戏正是有了这一特点，给婴幼儿的身体和精神带来舒适、愉快的感受，才得到了他们的喜爱。

游戏与其他活动不同，它不是强制性的社会义务，也没有实用的社会生产价值，是一种纯粹娱乐活动。它以本身的趣味性，激起婴幼儿良好的情绪和积极从事活动的力量。趣味性是游戏的必要条件，因为有趣味才吸引婴幼儿主动参加，并让婴幼儿在游戏过程中获得快乐和发展。对于婴幼儿，首先吸引他们的是有趣的游戏过程，然后随着年龄的增长，婴幼儿逐渐对游戏的结果感兴趣。教育者可根据婴幼儿的这种特点，正确地进行指导。

（三）虚构性

游戏是在假想的条件下完成的一种反映现实的活动，具有明显的虚构性，其情节和角色的扮演、活动的方式、代替物的使用是象征性的。如把棍子当马骑，把布娃娃当作真人，坐在椅子上假装开火车等。

（四）社会性

婴幼儿不是天生会做游戏，游戏不是婴幼儿的本能活动，只有当他们的体力、智力发展到一定水平，积累了一定的知识经验，才会做游戏。时代、文化、地区、习俗以及人与人之间的关系都会影响婴幼儿的游戏，所以婴幼儿的游戏归根到底是周围生活的反映。但婴幼儿的游戏并不是生活的翻版，而是通过想象，将日常生活中的表象形成新的形象，用新的动作方式去重新演绎的活动。婴幼儿游戏在某种程度上可以说与戏剧相似，都反映现实生活。

（五）具体性

婴幼儿游戏是非常具体的，表现在：游戏一般都有角色、游戏材料和游戏动作，以及游戏内容、情节和语言。游戏角色本身就是具体的形象，如婴幼儿扮演妈妈时，她头脑中的形象就是妈妈。离开了这些具体的角色、内容、情节、动作、语言及玩具（材料），婴幼儿游戏就无法顺利进行。

知识拓展

什么是游戏的最佳指标？

史密斯和福尔施泰特（1985）进行了一项巧妙的研究，意在确定游戏的哪些特征确实有助于研究者鉴别游戏行为。研究人员向成人实验对象播放了一段30分钟的儿童行为的录像，研究人员已经对这些行为是否为游戏进行了评估。各组实验对象已提前接受过培训，每一组都被告知游戏的某一特征是判定某一行为是否为游戏行为的唯一标准。这些特征包括积极情绪（表达积极的情感）、虚构性（假扮行为）、内在动机（只关注游戏本身）、灵活性（活动的迅速变化），以及过程导向性（强调手段而非结果）。在稍作变化的类似实验中，研究人员告诉实验对象用一种以上的特征来判断儿童的行为（例如，灵活性和虚构性两种特征）。

实验结果表明，虚构性是最可靠的判断指标。若是使用虚构性和积极情绪或虚构性和灵活性一同进行判断，研究人员对于幼儿的某些行为是否为游戏行为的意见最为一致。内在动机是最不适用的指标，因为儿童的许多行为是受本能驱使的，但显然并非游戏行为。

根据史密斯和福尔施泰特的研究结果，虚构性显然是判定游戏行为的最佳指标。人们在游戏时，内部世界优先于外部世界，从而赋予物体和动作行为以全新的、仅与游戏相关的意义。

资料来源：詹姆斯·约翰森，詹姆斯·克里斯蒂，弗朗西斯·华德．游戏、儿童发展与早期教育［M］．南京：南京师范大学出版社，2013.

第二节 游戏与婴幼儿发展

婴幼儿时期是迅速发展的时期，而游戏在婴幼儿成长中起着特殊的教育作用。婴幼儿游戏是 0 ～ 3 岁婴幼儿基于身心发展的水平及需要，以感知动作为核心，一定程度上借助成人提供的环境，主动与周围的人、物及环境客体相互作用的活动，这一活动能促进他们的身体动作、认知、情感、社会性、艺术等方面的全面发展。游戏活动具有生动具体且适合婴幼儿培养感知动作、观察、记忆、思维、想象等能力的特点，它是一种自由、自愿的活动，会使婴幼儿感到轻松愉快，婴幼儿在游戏时可以根据自己的意愿、体力和能力进行各种活动，可以自然地表达思想感情，还可以按自己的意愿发挥想象力。游戏还能增强婴幼儿的自信心，让婴幼儿借助游戏了解周围事物。所以，在婴幼儿教育中，应该充分发挥游戏的重要作用。婴幼儿的身心发展特点，决定了他们只能在这种有趣的、无拘无束的具体游戏活动中认知世界和学习，而游戏的趣味性，则大大提高了婴幼儿对学习的兴趣和积极性，同时也提高了婴幼儿的学习效率，因此，游戏对于婴幼儿具有很大的教育价值。

一、游戏与婴幼儿动作发展

在游戏中，婴幼儿身体各部位都处在积极的活动状态。游戏不同，活动量大小不同，婴幼儿身体活动的部位也不相同。游戏不但促进了婴幼儿身体的发展，同时也发展了婴幼儿的基本动作技能。婴幼儿在游戏中总是欢乐的，他们的情绪处在积极的状态下，这种轻松愉快的心情，对婴幼儿的身心健康发展起到了积极作用。

（一）游戏促进婴幼儿大动作发展

婴幼儿正处于身体迅速生长发育的时期，十分好动、好奇，什么都想摸一摸、动一动、玩一玩，游戏满足了婴幼儿的这一需要，在游戏中，婴幼儿反复摆弄游戏材料，做出各种动作，不仅锻炼了走、跑、跳、攀、爬等基本动作，而且逐渐掌握了基本的运动技能。游戏符合婴幼儿的生理发展规律，是锻炼婴幼儿的身体基本动作技能和提高身体素质的有效途径。

（二）游戏促进婴幼儿精细动作发展

手是人进行活动的主要器官，也是人认识事物的重要器官。手部的精细运动能加速大脑的发育。游戏促进婴幼儿精细动作发展，如在“捡豆子”“抓握游戏”中锻炼五指抓、二指捏等精细动作的发展，同时促进婴幼儿手眼协调能力的发展。

二、游戏与婴幼儿认知发展

认知发展是个体早期心理发展的重要组成部分，也是衡量个体神经系统及大脑发育的重要指标。在游戏中，婴幼儿能充分运用已有的知识经验，有助于巩固、加深所掌握的知识。婴幼儿在游戏中要使用各种玩具和材料，有利于他们认识和掌握各种物体的性能和用途，了解事物之间的关系，获得初步的自然科学知识。

婴幼儿在游戏中通过对具体事物的感知、摆弄操作来认识事物的性质、事物之间的关系，能更快更好地理解和掌握简单的知识和技能，比如物体的形状、大小、颜色等方面的知识。在游戏中，婴幼儿可以通过观察、感知、比较、分类、记忆、想象、思维，通过对各种游戏材料的使用、对各种游戏角色的扮演、对已有知识的更新、对生活经验的重组、对游戏动作和情节的实践，去接触、感受、探索新事物，了解物体（游戏材料）的性能及事物之间的关系，因此游戏能够全方面促进婴幼儿认知的发展。

三、游戏与婴幼儿语言发展

游戏能够有力地促进婴幼儿语言能力的发展。在游戏过程中，婴幼儿从最初的“自言自语”的游戏语言到后期用语言来交流，商讨办法，促进了婴幼儿语言能力的发展。

婴幼儿在游戏过程中从想说、敢说到喜欢说，有效激发了婴幼儿在语言学习方面的积极性。

游戏能够充分调动婴幼儿语言表达的欲望。利用游戏这种方式，引领婴幼儿参与到情境当中，婴幼儿在游戏过程中与他人的交往互动离不开语言的表达，这能够提高婴幼儿在语言运用与学习方面的积极性，有效锻炼婴幼儿的语言能力。

此外，游戏这种形式还可以提高婴幼儿对语言学习的兴趣，使婴幼儿的语言内容更加丰富。不同游戏的情境不同，使得婴幼儿的语言情境丰富多彩。

四、游戏与婴幼儿情感、社会性发展

（一）游戏能够促进婴幼儿情感发展

游戏使婴幼儿拥有更多积极的情绪体验，游戏的内容和形式丰富多彩、灵活多样，婴幼儿在游戏中通过扮演角色能够体验到各种积极的情绪情感；游戏帮助婴幼儿转移和宣泄消极的情绪体验，是婴幼儿放松紧张情绪、宣泄消极情感的有效方式和途径。因此，游戏能帮助婴幼儿获得心理的平衡。

婴幼儿在游戏轻松愉快的气氛中，主动理解和掌握常规，同时增加了与同伴的交流机会，使每个人不仅是他人影响的承受者，同时也是影响他人的力量和资源，促进了婴幼儿的社会性道德情感的发展。如在做“老鹰捉小鸡”的游戏时，只有老母鸡保护好小鸡，小鸡们行动协调，才能不被老鹰捉到。若有小朋友摔倒，其他小朋友积极帮助他爬起来，不能因为自己或别人的失误而导致其他的小鸡被老鹰捉去。这个游戏让婴幼儿学到大家只有团结一致、相互帮助、相互协调才能取得胜利，从而培养了婴幼儿的集体观念。

又如教婴幼儿“摆一列火车”，可以启发他们：“将来你们长大了开火车好不好？开火车运输什么？运输好多好多的钢铁、木材去建设祖国。谁坐火车？爸爸、妈妈、老师和全班的小朋友，大家都来坐，到全国各地去旅游。”由此可以渗透爱祖国、爱人民、为人民服务的教育，从而提高婴幼儿的道德水平。

（二）游戏能够促进婴幼儿社会性发展

游戏可以发展婴幼儿的社会交往，使婴幼儿逐步学会认识自己和同伴，并能正确地处理自己和同伴之间的关系，发展社会交往能力，加快社会化进程。游戏可以培养婴幼儿的合群行为，能为婴幼儿提供与同伴相互作用的机会，使他们感受到“大家一起玩”真开心。同时，游戏扩大了婴幼儿的社交范围，增加了社交频率，使其掌握了与人交往的技能和艺术。

游戏还能培养婴幼儿的规则意识，特别是在社会性角色游戏中，婴幼儿有机会学习扮演社会角色，使自己处于他人的地位，体验别人的情感和态度，学习成人社会各类社会角色应有的行为方式，从而理解成人世界，理解社会角色之间的关系，学习并遵守社会生活准则。

五、游戏与婴幼儿艺术启蒙

热爱艺术是婴幼儿的天性。婴儿满怀好奇和探究的心理来到这个世界，他们睁开眼睛就要看五彩缤纷的世界；他们竖起耳朵就要倾听母亲的声音和环境中丰富多变的音响。美丽、鲜艳的色彩和图案可以满足婴幼儿视觉的需要，而优美动听、欢快活泼的音乐是满足他们听觉需要的最好刺激。

越来越多的证据表明，婴幼儿早期接触艺术会带来积极的效果。艺术在人的思维发展过程中影响巨大，它给人类带来了无数自然、直接的快乐。艺术经验能调节思维模式，丰富信息存储和处理的方法，经过艺术训练的学龄前儿童会显现出其优势，他们在一些主要课程（如数学和阅读）上进步更为明显。神经学家及艺术教育和早期教育专家都一致认为：艺术在为婴幼儿创造丰富的学习环境方面所起的作用是举足轻重的，让婴幼儿听各种各样的音乐，玩丰富多彩的韵律游戏，接触演奏高品质音乐的乐器，以及写写画画、涂涂抹抹、粘粘贴贴都会对他们的全面发展起到积极的促进作用。参与艺术活动不仅有助于促进婴幼儿的智力向更高层次发展，而且为他们将来的艺术能力发展打下良好的基础，从而促进他们健康全面发展。

第三节 影响婴幼儿游戏活动开展的因素

在丰富的婴幼儿游戏中，我们认为影响婴幼儿游戏的因素从总体上可以分为主观因素和客观因素两个方面。

一、主观因素

（一）年龄差异

年龄特征反映着婴幼儿身心发展的水平，影响着婴幼儿的游戏水平。由于婴幼儿动作技能、认知、语言、情感与社会性、艺术启蒙等身心发展诸多方面处于不同的发展阶段，因此婴幼儿游戏的内容和方式，也随着婴幼儿成长而有所改变。从练习游戏、象征游戏到规则游戏，从单独游戏到合作性游戏，从单一的游戏方式到丰富的主题内容，无不体现着婴幼儿年龄增长对婴幼儿游戏水平及内容的影响。

（二）性别差异

婴幼儿游戏存在着性别差异，这种是普遍存在的跨文化现象，在亚洲、欧洲与美洲的婴幼儿身上都发现了这种性别差异。究其原因，我们认为社会角色期待是其主要的影响因素，同时也有生物学方面和社会模仿等因素。

性别差异对婴幼儿游戏的影响主要表现在游戏玩具和材料、游戏类型和游戏主题等偏好上。

经研究发现，年长婴幼儿比年幼婴幼儿更少玩与性别不相适宜的玩具。在玩具的选择上，婴幼儿大概在一岁半至两岁表现出对性别化玩具的偏爱，如女孩喜欢选择布娃娃、厨房用品等玩具；男孩则喜欢选择交通工具、积木、玩具枪等作为自己的玩具。

有研究指出：一般来说，男孩大多好动，他们更喜欢跑、跳等运动量较大、具有竞争性的动态游戏，游戏中常有超人、宇航员等角色。男孩比女孩有更多的假想游戏，他们想象的主题更丰富、更富于变化，灵活性更强，且积极的情感更丰富。男孩个人的想象数量和时间多于女孩，尤其是在户外大运动场地和运动型活动设备中表现得更加明显。而女孩大多喜欢安静的、运动量及竞争性较小的静态游戏，如扮演家庭角色、服饰化妆的游戏，同时能较长时间进行一些需要小肌肉活动的游戏。这种性别差异表现在各种不同类型和主题的游戏中。

（三）个别差异

婴幼儿的个别差异，表现在婴幼儿游戏的兴趣和风格的不同。其中最主要的是想象力、幽默感、情绪表现、对新奇事物的探求、好奇心和交往技能等人格特征，一方面影响着婴幼儿对游戏的喜好程度，即爱玩和不爱玩；另一方面影响着婴幼儿的游戏风格，表现在偏好想象者和偏好型式者。偏好想象者对人与人之间的关系和人的活动更感兴趣，情感性强，他们的游戏着重反映人们的日常生活活动，情景性较强，其游戏往往表现为角色扮演与想象。偏好型式者对于周围的实物世界表现出浓厚的兴趣，他们倾向于探究游戏材料的性质，把游戏材料塑成某种型式或结构，或者按照某种关系对它们进行分类排序，他们的游戏往往表现为独自摆弄物体的活动。

（四）健康差异

患有哮喘、心脏病等疾病的婴幼儿，不宜进行一些活动量大的游戏。生病的婴幼儿有的表现出对游戏不感兴趣，或选择一些静态的、活动量小的游戏，有些婴幼儿会选择做旁观者。另外，婴幼儿有时由于其他原因感到疲倦，在游戏中会表现得无精打采。可以说，婴幼儿在游戏时的表现，很可能就是他们当天身体状况和情绪的反应。因此，婴幼儿的健康和情绪会影响他们在游戏中的表现。

二、客观因素

（一）游戏材料

游戏材料是婴幼儿游戏所用玩具和物品的总称。游戏材料是游戏的物质支柱，是婴幼儿游戏的工具，如果离开了游戏材料，婴幼儿的游戏就难以进行。游戏材料可以激发婴幼儿的游戏意愿，引导婴幼儿的游戏构思，引起婴幼儿的联想和行动。

1. 游戏材料的种类、数量以及材料之间的搭配及游戏关系

游戏材料的种类对婴幼儿游戏的具体选择有着某种定向的功能。当游戏材料数量增加时，婴幼儿之间的社会交往减少且攻击性行为减少；当游戏材料的品种多样化时，婴幼儿更多地产生发散性思维；不同种类和数量的游戏材料摆放在一起，会影响婴幼儿游戏的主题和性质；游戏材料和婴幼儿的年龄之间存在交叉关系，较小的婴幼儿在游戏时需要多一些同类的游戏材料，较大的婴幼儿在游戏时需要多一些不同种类的游戏材料。

2. 游戏材料的特征

游戏材料的特性与婴幼儿的游戏行为有着密切的关系。游戏材料具有象征性，可替代生活中的人与事物。游戏材料特征的不同（模拟物和多功能物）将引发不同水平的游戏行为：游戏材料功能固定单一，只能引发婴幼儿的一种行为，婴幼儿游戏情节的发展就会受到限制；而无固定功能的游戏材料，往往可以使婴幼儿按照自己的想象创造出游戏的多种玩法，有利于婴幼儿通过探索接受丰富的感官刺激，利用不同的游戏材料去代替和想象，在与游戏材料的互动中促进发散性思维的发展。

3. 游戏材料的复杂程度以及婴幼儿对材料的熟悉程度

如果游戏材料对婴幼儿来说完全陌生或比较复杂，可能会引发他们的探究性行为；

如果游戏材料对婴幼儿来说中等熟悉和中等复杂，则可能会引起婴幼儿的象征性行为和练习性行为。

4. 游戏材料的位置及可见性

放在中央位置的游戏材料使用频率较高。游戏材料的可见性也会对婴幼儿使用游戏材料产生影响。如果婴幼儿的视线被柜子或其他物品遮挡，看不到游戏材料，他们就不知道有哪些游戏材料可以使用。婴幼儿越能直接地看到游戏材料，就会越多地去使用游戏材料。

5. 游戏材料的选择

无论是家庭还是托育机构，游戏材料的选择都应当符合国家相关的安全质量标准和环保要求。由于环境是人类生存和发展的重要基础，培养婴幼儿的环保意识无疑具有现实而深远的意义。托育从业者可以与婴幼儿一起寻找生活中无毒无害的纸盒、卡片等废物，制作游戏材料，让废物再次利用。通过游戏充分发挥婴幼儿自身的积极性，让婴幼儿可以在游戏中通过直观的观察，发现身边的环境问题，让他们懂得环保的重要性。同时让婴幼儿意识到通过自己的努力是可以保护环境的，使他们养成自觉的环保行为习惯。

（二）游戏时间

充足的游戏时间是婴幼儿游戏的保障，游戏时间的多少直接影响游戏的数量和质量。婴幼儿游戏时间的长短不同，所开展的游戏类别就会不同。如果游戏时间过短，婴幼儿往往刚进入角色就不得不停止，长此以往，他们就会放弃比较复杂的游戏而只玩一些简单的游戏。所以，托育从业者一定要保证婴幼儿每天有足够的时间自由自在地进行各种游戏，不能让其他活动挤占婴幼儿游戏的时间。当然，游戏时间的多少随着年龄的变化而变化。

本章小结

掌握婴幼儿游戏的基本理论是指导婴幼儿游戏实践的基石，本章从认识游戏、游戏与婴幼儿发展、影响婴幼儿游戏活动开展的因素三个方面，介绍了游戏的概念、游戏的理论观点、游戏的特征，说明了游戏与婴幼儿的动作、认知、语言、情感、社会性及艺术启蒙之间的关系，同时阐述了婴幼儿游戏不仅会受到年龄、性别、个别、健康差异等主观因素的影响，同时会受到游戏材料、游戏时间等客观因素的影响。

同步练习（赛证热点）

一、选择题

1. “游戏活动是有机体剩余精力发泄的最好形式”这一观点的代表人物是（　　）。

A. 席勒　　B. 拉扎鲁斯　　C. 格罗斯　　D. 霍尔

2. 霍尔的游戏理论是（　　）。

A. 剩余精力说　B. 生活准备说　C. 复演说　D. 松弛说

3. 皮亚杰认为 0～2 岁处于感觉运动阶段，这时候出现的游戏类型是（　　）。

A. 象征游戏　B. 练习游戏　C. 结构游戏　D. 规则游戏

4. 以下不属于现代游戏理论的是（　　）。

A. 精神分析游戏理论　B. 认知动力游戏理论

C. 行为主义的学习游戏论　D. 成熟说

5.* 游戏的特征包括（　　）。

A. 自主性　B. 虚构性　C. 社会性

D. 具体性　E. 趣味性

二、判断题

1. 认知学派和社会文化历史学派的游戏理论都属于当代的游戏理论。（　　）

2. 经典的游戏理论带有浓厚的生物学色彩。（　　）

3. 游戏是一种独特的活动，游戏行为及水平不受婴幼儿的年龄影响。（　　）

4. 游戏能促进婴幼儿的动作发展、认知发展、情感与社会性发展、语言发展、艺术启蒙。（　　）

三、简答题

1. 早期关于游戏本质的学说主要有哪些？各学派的代表人物和主要观点是什么？

2. 影响婴幼儿游戏活动的因素有哪些？

四、思考题

在托幼机构中，游戏是否应该得到鼓励？游戏结构包含哪些因素？

注：本书标注 * 的选择题为“多选题”，未标注的选择题为“单选题”。

第二章 0～1岁婴儿游戏活动设计与指导

- 0～1岁婴儿游戏活动设计与指导
  - 第一节 0～3个月婴儿游戏活动设计与指导
    - 0～3个月婴儿发展概况
    - 0～3个月婴儿玩教具推荐
    - 0～3个月婴儿游戏活动设计与指导要点
  - 第二节 4～6个月婴儿游戏活动设计与指导
    - 4～6个月婴儿发展概况
    - 4～6个月婴儿玩教具推荐
    - 4～6个月婴儿游戏活动设计与指导要点
  - 第三节 7～9个月婴儿游戏活动设计与指导
    - 7～9个月婴儿发展概况
    - 7～9个月婴儿玩教具推荐
    - 7～9个月婴儿游戏活动设计与指导要点
  - 第四节 10～12个月婴儿游戏活动设计与指导
    - 10～12个月婴儿发展概况
    - 10～12个月婴儿玩教具推荐
    - 10～12个月婴儿游戏活动设计与指导要点

学习目标

知识目标：

1. 掌握0～1岁婴儿动作、认知、语言、情感与社会性、艺术启蒙的概况；
2. 了解0～1岁不同月龄段婴儿游戏活动设计与指导要点。

能力目标：

能设计适合0～1岁婴儿身心发展特点的游戏，并能正确选择玩具，对婴儿在游戏中的表现进行合理的指导。

素质目标：

在游戏活动设计指导过程中，树立正确的游戏观。

课前导入

玛利娅·蒙台梭利认为，“教育的任务是激发和促进儿童的‘内在潜能’的发现，并使之循着自己的规律获得自然的和自由的发展。儿童是有自己的兴趣和需要，能动地、积极地同外界环境相互作用，从而不断发展着的活生生的人。”0～1岁是婴幼儿教养的开端，更是要注重顺应性情的教养，遵循婴幼儿身心发展的特点，促进婴幼儿在自由、自发的活动中身心和谐、自然地发展。

提问：0～1岁婴儿应当如何进行游戏？

第一节　0～3个月婴儿游戏活动设计与指导

果果已经3个月了，她很喜欢听大自然的鸟鸣、蛙叫、流水声等声音，每次听到这样的声音她都很容易安静下来；妈妈把她俯卧于床头时，她的小脑袋非常灵活，可以随着妈妈手中的红球左右转动，她甚至可以抬头45度，她的小手也很灵活了，可以有意识地抓握玩具，也可以将小手放到自己的嘴里吮吸；她可以回应妈妈的微笑，会发出好听的笑声，当妈妈逗果果时，她会发出“a，o，e”等声音回应，她非常喜欢看妈妈的脸。

提问：你了解3个月的果果的发展概况吗？应该如何与3个月的果果进行游戏呢？

一、0～3个月婴儿发展概况

0～3个月的婴儿各方面发展迅速，在这一时期，婴儿逐渐从一个仅仅具有反射行为的个体发展成为对日常生活环境有初步了解的问题解决者。

（一）动作发展

1. 大动作发展

婴儿大动作发展主要展现为肢体整体动作和头部动作的发展。婴儿在出生的第1个月就会出现握拳、蹬腿、挥动手臂等动作。1～2周婴儿俯卧时头部能微微翘起，2～4周俯卧时头可从一侧转向另一侧，5周可以抬肩坐起头竖直片刻，6周俯卧时头和胸可以抬起，9周脚放在坚硬的平面会向下蹲，10周能俯卧抬头45度，11周俯卧时勉强可以用手臂撑起上半身。

2. 精细动作发展

婴儿精细动作由混乱阶段发展为无意抚摸阶段。0～1个月，触碰手掌会紧握拳头，手指虽有时也会伸展，但基本是攥紧拳头，或随同手臂和脚一起乱伸乱动，只能做一些散漫杂乱的动作。2～3个月会有一些不随意的抚摸动作，比如无意地抚摸着襁褓或被褥，抚摸抱他的母亲或其他偶然碰到的东西，也抚摸自己的小手，此时的婴儿可以握住摇铃棒片刻。这种抚摸动作也是一种认识活动。①

（二）认知发展

0～3个月婴儿认知的发展主要表现出随意性、短时性两个特征，这两个特征会一直延伸到婴儿早期。0～3个月婴儿以无意注意为主，注意时间较短，一般为几秒钟；记忆以无意识记为主，带有很大的随意性；思维发展基本上处于前思维阶段。较刚出生时，1～3个月大的婴儿"听觉注意力"和"视觉注意力"都会有明显的发展。1个月的婴儿感官较为敏感，但是视力比较模糊。婴儿出生后头几天眼球运动没有目的，数天之后开始注视灯光的刺激，当眼受到光的作用时有闭合反应，瞳孔在光照下先缩小2～3秒，然后散大，触及眼睛时会眨眼或眯眼，眼睛出现不协调的运动。出生后3周能注视较大的物体，还能够分辨出颜色，并且喜好黑白色、红色，偏好注视对比度高、图形复杂的图片，两眼能单方向地追视物体转动，听到声音时也会有反应。4周的婴儿视线集中范围为20～30厘米，这也刚好是母亲哺乳时宝宝和妈妈脸的距离。5～6周时能注视大的物体，在较大范围内能简单注视，对左右摆动的物体产生追随运动，也可随着成人的手做长时间的注视，并会出现吸吮手指、啃咬周围物品等进一步探索周围环境的行为。3个月的婴儿听到声音会将头转向声源，不仅可以追视物体，头部还会随之转动，能够集中注意力听人说话。

（三）语言发展

婴儿一出生就会用哭这一语言向家长传递信号，表达某种需求和欲望，1个月的婴儿会发出细小的喉声，2～3个月的婴儿会发出"ɑ，o，e"的声音，在听人说话时会笑出声音并且开始模仿一些声音对人做出回应。只是婴儿不同的哭声表达了婴儿不同的诉求，如饥饿时婴儿的哭声短而低沉，时高时低，很有节奏感，有时妈妈还能从哭声中感受到一种"乞求"，如果用手指触碰孩子的脸颊，这时孩子会立即转过头来，做出吮吸的动作；大小便时婴儿的哭声低、强度轻，一般伴随着两腿乱蹬的现象，如果是大便，孩子的脸还会有涨红的状况。

（四）情感与社会性发展

作为生命的个体，婴儿社会性行为的增加为其了解社会提供了可能。婴儿刚刚来到这个世界上，偏爱妈妈的声音，也很喜欢注视发声的人。1～2周时婴儿眼睛可以追踪走动的人；3～4周的婴儿哭闹时被人抱起可以很快平静下来，能辨别母乳的味道，同时喜欢看人脸，尤其是妈妈的笑脸；8周以后婴儿自发性的笑容会增多，喜欢和他人玩，游戏停止可能会哭泣；10周听到妈妈的声音会笑，沟通能力更强，面部表情和肢

---

① 陈帼眉．学前心理学［M］．北京：人民教育出版社，2003.

体语言也更加丰富，所以婴儿的照护者可以抱着宝宝低声和她说话。2～3个月左右的婴儿会出现社会性的微笑，被逗引时会出现动嘴巴、伸舌头、微笑和摆动身体等情绪反应。看见最主要的照护者会笑、发声或挥手蹬脚，表现出快乐的神情。

（五）艺术启蒙

0～3个月的婴儿艺术能力的发展较多地体现在音乐方面。婴儿一出生就具有“愉快听音乐的能力”，当听到平缓的铃声时，眼睛睁大、皱眉、微笑、活动减少，表现安静；听到突然出现的较大声音时，会出现颤抖等动作。6～10周左右，婴儿听到摇篮曲等类似舒缓的曲调后会开始微笑、停止哭泣或很快入睡；2个月时，婴儿已经能初步区别音乐的音高，并能躺着静静地听音乐；3个月时，婴儿已经能区分音乐的音色，对高频率的乐音和噪音非常敏感。

二、0～3个月婴儿玩教具推荐

0～3个月婴儿的感觉器官在迅速发展，我们可以通过玩具训练婴儿的视觉、听觉、触觉、味觉、嗅觉等感官，进一步帮助婴儿更好地了解这个世界。

（一）动作发展类玩教具

这一时期可以选择床铃、球类和各种便于抓握的玩教具。0～3个月的婴儿的睡眠时间较长，为了保护其脊柱的发展，不宜长时间竖抱。因此，这一时期的婴儿大多数都在婴儿床上度过，可添置床铃（见图2-1），让婴儿看不同的颜色，听清脆的铃声，能够给婴儿带来视觉、听觉、触觉上的刺激。此外，内耳前庭觉是影响婴儿成长、学习和发展的一种能力，可以使用一些球类玩具（见图2-2）适当给婴儿做内耳前庭训练。在训练的过程中主要可以帮助婴儿维持平衡感、空间感以及运动能力。便于抓握的玩教具能为婴儿精细动作的发展奠定基础。摇晃这类玩具，如手摇铃、笼铃、铃鼓（见图2-3）等，能够吸引婴儿寻找声源，起到锻炼其听力的作用，也发展了上肢动作的灵活性。

图2-1　床铃

图2-2　瑜伽球类

图 2－3 便于抓握的手摇铃、铃鼓、笼铃

（二）认知发展类玩教具

0～3 个月的婴儿喜欢黑白色、红色等颜色的物品，照护者可以准备一些物品训练此阶段婴儿的视力，同时也训练其追视、追听物品的能力，如黑白卡片、布书、红球、拨浪鼓等（见图 2－4 至图 2－7）。

图 2－4 黑白卡片

图 2－5 布书

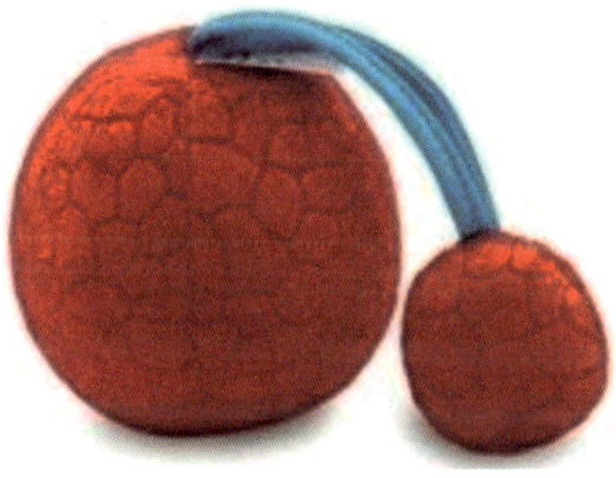

图 2－6 红球

图 2－7 拨浪鼓

（三）语言发展类玩教具

婴儿语言的发展与所处环境有重要关系。此阶段婴儿的语言发展水平较低，听人说话时会笑出声音，并且可能会开始模仿一些声音对人做出回应。此阶段婴儿对母亲、父亲等照护者的依赖性比较高，因此，照护者要注重良好语言环境的创设，多与婴儿进行语言交流，采用温柔的言语，增加婴儿对照护者的依赖感。如：家中可以利用小音响等多媒体设备（见图 2－8），播放妈妈唱的摇篮曲、讲的故事等。

图 2－8　智能音响设备

（四）情感与社会性发展类玩教具

婴儿离开母体来到这个世界会感觉到陌生，提供安全、可爱、柔软的安抚类玩具可以为其带来温暖的感觉，有助于婴儿睡眠习惯的养成，同时，提供一些造型可爱并且适合抓握、啃咬的硅胶玩具（见图 2－9），引导其通过吸吮来满足欲望。如安抚玩偶小兔（见图 2－10）的兔脑袋里面藏了一个小铃铛，耳朵里有响纸，婴儿可通过捏、啃、咬玩偶兔子感知不同的声音，也可以通过啃咬玩偶上的硅胶满足口欲期利用嘴巴探索环境的欲望。照护者也可以使玩偶上保留妈妈乳汁的味道，在婴儿睡觉时将玩偶放在其身边，增加安全感。

图 2－9　啃咬硅胶

图 2－10　安抚玩偶“小兔”

三、0～3 个月婴儿游戏活动设计与指导要点

随着月龄的增长，婴儿时期特有的反射行为逐渐被有意识的活动所替代，游戏也成为婴儿学习认识周围环境最好的方式。

（一）0～3 个月婴儿游戏活动设计

0～3 个月婴儿游戏活动设计，要考虑其年龄特点，需要注意以下方面。

1. 注重肢体大动作和视听触觉发展游戏活动的设计

0～3 个月婴儿肢体大动作发展的内容以抬头、翻身为主。此外，此阶段还应当为婴儿提供丰富的视听触觉训练。照护者可以使用颜色鲜艳的玩具刺激婴儿的视觉，用有声音的玩具刺激婴儿的听觉，用不同材质的玩具刺激婴儿的触觉等。为0～3个月婴儿提供与客观世界联系的机会，丰富婴儿感知；更要让婴儿与成人之间建立良好的情感联系，满足其情感需求。

2. 充分考虑婴儿身心特点

0～3个月婴儿各方面发展迅速，个体差异较大，婴儿游戏的设计要适应该阶段婴儿年龄特点。新生儿可采用黑白卡片、舒缓的音乐、母亲的故事录音等进行视听训练，或是为新生儿做抚触，建立良好的依恋关系。2～3个月婴儿可安排俯卧抬头训练、被动操等游戏。

3. 便于游戏的开展

0～3个月婴儿的大脑皮质功能发育不成熟，受刺激易兴奋，也易疲劳。同时，他们对于成人全方位的照料需求较高，也只会用哭声表达自己的需求。因此，在为本阶段婴儿设计游戏时，要考虑游戏内容应简单、易操作。

（二）0～3个月婴儿游戏活动指导要点

1. 注重感官刺激

刺激婴儿的感官是0～3个月这个阶段的重点，最好的方法就是吸引他们的感官注意，[①] 尤其是要注重听觉注意力和视觉注意力的刺激。

首先，为促进婴儿听力的发展，照护者可以选用一些有声音的玩具在婴儿的耳朵旁发出声音引起婴儿的注意，如选择拨浪鼓、串铃、手摇铃、沙锤等；还可以利用悬挂床铃逗引，利用声音的强度变化刺激婴儿听力，吸引其寻找声源，锻炼“追听”的能力，同时也能引起婴儿视觉的关注。需要注意的是，要为此阶段婴儿选择能发出悦耳、柔和的声音的玩具，也要注意玩具所发出的声音不可太大，避免给婴儿带来不可逆的听力损失，在进行声音训练时也不要让声音突然出现。

其次，为促进婴儿视力的发展，照护者可以选择一些黑白卡片、红球等玩具在距婴儿眼睛20～30厘米处对其进行视觉追踪训练。进行游戏时，照护者可以慢慢地将玩具或卡片移动到婴儿眼睛正上方，在婴儿关注到卡片或玩具时，再慢慢将玩具或卡片上下左右移动，引导婴儿眼睛追踪玩具或卡片。需要注意的是，使用黑白卡片或玩具进行视力训练时，为保护婴儿的专注力，照护者最好不要一边说话一边展示卡片或者玩具，要让婴儿专注于卡片或玩具的移动。此外，运用卡片进行视力训练时，每次训练的时间不应超过15分钟，以免造成婴儿视力疲劳。为促进婴儿多种感官的发展，可以提供多种形式的玩具，如可以捏的面泥、可以踩的黄豆、可以握的不同材质的球等，同时，照护者也要注重婴儿抚触的重要性，增加婴儿不同身体部位的感官的体验，这些都能促进婴儿认知能力的发展。

---

① 王颖蕙.0～3岁儿童游戏与玩具［M］.上海：复旦大学出版社，2019.

2. 强调精细动作的发展

虽然0～3个月婴儿精细动作的发展处于无意识的混乱状态，但手指的活动与大脑发育关系密切，因此要强调婴儿精细动作的发展。0～3个月的婴儿会有攥拳、伸展手指的行为，照护者可以有意识地将玩具放到婴儿手里，让婴儿接触玩具并对其产生兴趣，逐渐练习抓握能力。为了促进婴儿手的体验，在日常生活中可以尝试让婴儿摸不同材质的东西，如塑料球和毛绒球等，也可以感受冷水和温水，加强手部刺激。另外，照护者在和婴儿沟通时，可以用婴儿的手摸照护者的脸，体验不同的感觉。需要注意的是，0～1个月的婴儿大多喜欢捏紧小拳头，照护者不要急于让婴儿抓握而强行将宝宝的手掌撑开，这样反而不利于婴儿手部精细动作的发展。

3. 适时进行游戏

一般来说，0～3个月的婴儿吃奶的频次为每天8～12次，睡眠时长为14～17小时，也就是说，此阶段婴儿大部分的时间都在睡觉或者吃奶，其精力有限，因此，与0～3个月的婴儿进行游戏要选择其清醒、情绪状态良好时进行，比如喝奶后30分钟，此时进行游戏，能帮助婴儿消化奶液，还能进一步加强亲子间的沟通。

照护者可以在婴儿的耳边10cm左右，轻轻地喊婴儿的名字，让婴儿听到声音并转过头来；也可以面对面和婴儿说话，当婴儿注视你的时候，慢慢地移动你的头，设法让婴儿的视线追随你移动的方向；照护者也可以恰当地选择一些玩具来训练宝宝俯卧时抬头，如让婴儿俯卧，在婴儿的正前方放上音乐不倒翁吸引婴儿抬头。为了婴儿好的睡眠习惯的培养，照护者在夜间婴儿睡觉前不应和婴儿进行较为激烈的游戏，不然会造成其大脑过于兴奋，不利于睡眠。

（三）0～3个月婴儿游戏活动案例

1. 动作发展类游戏案例

看哪里　看这里

【适宜年龄】0～3个月。

【游戏目的】通过抬头训练逐渐过渡到转头，训练婴儿头颈部控制能力。

【游戏准备】适宜的温度、较硬的床面、红球、拨浪鼓。

【游戏玩法】

（1）婴儿俯卧在床面，将其双肘弯曲放在胸前；

（2）在婴儿头前上方摇晃红球或轻轻晃动拨浪鼓，引导婴儿看向红球或声音发出方向，锻炼婴儿抬头能力；

（3）婴儿能够较好抬头后，分别在婴儿头的两侧晃动红球或晃动拨浪鼓，引导婴儿看向红球或声音发出的方向，锻炼其转头能力。

【游戏指导】可以根据婴儿的情况适当增减转头方向，逐渐增加游戏的难度。

翻一翻

【适宜年龄】 0～3个月。

【游戏目的】 通过游戏互动，锻炼婴儿腰部和腿部肌肉，练习翻身。

【游戏准备】 适宜的温度、较硬的床面。

【游戏玩法】 婴儿仰卧在床面，照护者引导婴儿从仰卧到侧卧练习翻身。

【游戏指导】 当婴儿可以熟练地在照护者的帮助下从仰卧到侧卧，照护者可以尝试不借助玩具让婴儿自主练习翻身。

2. 认知发展类游戏案例

听听声音在哪里

【适宜年龄】 0～3个月。

【游戏目的】 通过寻找声源发展婴儿的听觉定位的能力。

【游戏准备】 舒适安静的环境、手摇铃、沙锤、拨浪鼓。

【游戏玩法】

（1）将发声玩具放在婴儿耳边 10cm 处，轻轻晃动，让他找到声源；

（2）用不同的方式摇动发声玩具，让婴儿感受声音的大小变化；

（3）换其他的发声玩具让婴儿感受声音的不同。

【游戏指导】 大部分婴儿在一个月左右能够较灵活地将头转向声源，声音训练能够让婴儿更好地掌握声音的音调、音色、节奏等属性。

看看黑与白

【适宜年龄】 0 ～ 3 个月。

【游戏目的】 通过看黑白图片或玩具，锻炼婴儿专注力和视觉追踪能力。

【游戏准备】 黑白卡片、玩具。

【游戏玩法】 将黑白卡片或玩具放在离婴儿眼睛 20cm 处，左右移动卡片或玩具，让婴儿对卡片或玩具进行视觉追踪。

【游戏指导】 可以多准备几张内容不同的卡片，婴儿快要转移注意力时更换下一张。每次训练时间为 2 ～ 3 分钟。

3. 语言发展类游戏案例

睡觉啦

【适宜年龄】0～3 个月。

【游戏目的】通过念唱儿歌，同时点触身体，提升婴儿语音的感知能力。

【游戏准备】舒适的睡眠环境。

【游戏玩法】婴儿躺在婴儿床或者尿布台上时，照护者与婴儿进行互动，一边念儿歌一边拿起婴儿的小手，念到“慢慢走，慢慢爬”时对婴儿的身体由腿部向胸部做点触，“biu，到家喽”时摸摸婴儿的小脸。

儿歌：小河流水哗啦啦，宝宝真的要回家，慢慢走，慢慢爬，小心滑，biu，到家喽。

【游戏指导】照护者和婴儿的互动以自然为主，儿歌可以选择其他的代替。为了增加婴儿的语言体验，成人在给宝宝换尿布、哺乳时都可以跟婴儿说话。

宝宝的声音真有趣

【适宜年龄】0～3 个月。

【游戏目的】通过与婴儿进行语音语调交流，提升婴儿语音的感知能力。

【游戏准备】舒适的环境。

【游戏玩法】当 1 个月婴儿发出细小的喉声、2～3 个月婴儿发出“a，o，e”等简单的声音时，照护者要给予回应，可以在距离婴儿脸部 20～30 厘米处为婴儿念儿歌：“啊啊啊，啊啊啊，张大嘴巴啊啊啊；喔喔喔，喔喔喔，公鸡打鸣喔喔喔；鹅鹅鹅，鹅鹅鹅，白白的天鹅鹅鹅鹅”，同时，可将发音的嘴型表现得夸张一些，增加婴儿对“a，o，e”等发音的感受。

【游戏指导】照护者和婴儿的互动以自然为主，为增加婴儿语言语调的体验，照护者可以用不同的语调念出儿歌，让婴儿多感受声音的魅力。

4. 情感与社会性发展类游戏案例

抬头、转头，爸爸在这里

【适宜年龄】0～3个月。

【游戏目的】通过与婴儿玩躲猫猫游戏，增强婴儿的抬头转头能力和人际交往能力。

【游戏准备】舒适的环境、黑白卡片。

【游戏玩法】

（1）婴儿呈仰卧位，双手置于胸前，可在床上或者其他安全、舒适的操作台上进行；

（2）妈妈在婴儿的脚心后方保护宝宝安全，爸爸在距离婴儿眼睛20～30厘米处，用黑白卡片遮挡住脸部，在说“宝宝，我是爸爸，我在这里”时拿掉卡片，让婴儿看清爸爸的脸后，爸爸换一个方位吸引婴儿转头并重复“遮挡—拿开”的环节。

【游戏指导】该游戏每日可进行2次左右，在婴儿情绪愉悦时进行，每次进行时间以不超过15分钟为宜，这样既能锻炼婴儿抬头、转头能力，又能进一步促进亲子交流。

浴巾“小飞机”

【适宜年龄】 0～3个月。

【游戏目的】 通过浴巾的使用，一方面可以使婴儿产生强烈的包裹感，减少惊跳反射，使婴儿感觉到更安全；另一方面，可以训练婴儿的前庭觉，锻炼婴儿平衡能力。

【游戏准备】 舒适的环境、浴巾。

【游戏玩法】

（1）浴巾平铺于床上，将婴儿置于浴巾中间；

（2）爸爸和妈妈两手分别拉住浴巾两边的角，轻轻沿着水平方向摇浴巾，像是让婴儿坐上了小飞机。

【游戏指导】 该游戏每日可进行1次左右，前庭觉对婴儿平衡能力发展有着非常重要的作用。这样的游戏在增进亲子情感的同时，能进一步为婴儿的平衡能力发展打下基础。

5. 艺术启蒙类游戏案例

丝巾飘飘飘

【适宜年龄】 0～3个月。

【游戏目的】 通过聆听美妙的音乐，增强婴儿的艺术欣赏能力。

【游戏准备】 舒适的环境，不同风格的音乐、丝巾。

【游戏玩法】 播放音乐时，随音乐节奏快慢，可上下控制丝巾飘动，帮助婴儿更好地感受音乐，培养婴儿的音乐节奏感和专注力。

【游戏指导】 0～3个月的婴儿已经具备初步的音乐欣赏能力，可以为婴儿提供多种风格的音乐，让婴儿感受不同音乐种类的熏陶，并能让婴儿在欣赏音乐的同时丰富情绪体验，增强艺术欣赏能力。

我喜欢

【适宜年龄】 0～3个月。

【游戏目的】 通过有节奏感的儿歌的游戏，增强婴儿的四肢协调性和艺术欣赏能力。

【游戏准备】 舒适的环境。

【游戏玩法】 婴儿仰卧在床上或者舒适安全的操作台上，照护者一边有节奏地念儿歌，一边拉住婴儿双手做相应动作。

儿歌：我喜欢妈妈亲一亲，我喜欢爸爸抱一抱，我喜欢小手咬一咬。

【游戏指导】 有节奏的儿歌和肢体的互动，能增加婴儿肢体协调性和节奏感受能力。

第二节　4～6个月婴儿游戏活动设计与指导

5个月的阳阳躺在床上已经不像前几个月一样那么“老实”了，现在的他能在床上来回翻身，最喜欢的就是用手去碰床上的床铃挂件，让它发出“丁零丁零”的声音，也喜欢和妈妈一起玩“躲猫猫”的游戏。

提问：针对阳阳的这些表现，你能设计一个适合他的游戏吗？

4～6个月是婴儿身心迅速发展的时期，这时的婴儿需要对整个社会生活进行探索，游戏本身就是获取知识和经验的通道，婴儿能在玩耍中获得快乐的身心体验，从而促进其社会交往等方面的发展。

一、4～6个月婴儿发展概况

4～6个月的婴儿，从体重及身长方面来看，虽然其发育速度较之前略微减慢，但仍然非常迅速，各方面较前3个月都有很大的发展。一般说来，婴儿在4～6个月时，每月体重增加450～500克，5个月时体重已是出生时的2倍，在这一阶段婴儿体重可达6.87～8.46千克，而身长平均可增长2厘米左右，可达63.88～68.88厘米。头围平均每个月增加约1.5厘米。眉眼等五官也"长开了"，脸色红润而光滑，变得更可爱。

此阶段的婴儿全身肌肉功能逐渐增强，手脚活动自由，喜欢抓人、抓物，或将东西放入嘴里，两腿喜欢乱蹬，若将婴儿抱在腿上时，能稍微扶站一会儿，还会一蹦一蹦地跳跃；头部逐渐可直立并自由转动。而有的婴儿在此时已会侧翻身；睡眠时间较以前减少，醒着时喜欢东瞧西看，眼睛转动灵活，对自己周围的事情也积极关心起来，经常笑出声来，开始明显表现出愿意和大人交往，已能分清熟人与陌生人。

（一）动作发展

1. 大动作发展

4个月以后，婴儿的身体越来越有劲。趴着时，头、胸、肩能抬得更高、更稳，坚持的时间也更长（见图2－11）。随着月龄的增长，婴儿已能完成自己翻身，这意味着婴儿的肢体力量得到了进一步提升。5个月时，婴儿的动作得到了进一步发展，能自己靠着垫子或沙发坐几分钟，但这时他的身体还比较软，坐的时候要在周围拿垫子或被子围起来（见图2－12），或者由大人扶着，防止婴儿摔倒。注意，不要让孩子坐太久。随着月龄增加，婴儿会坐得越来越稳当。

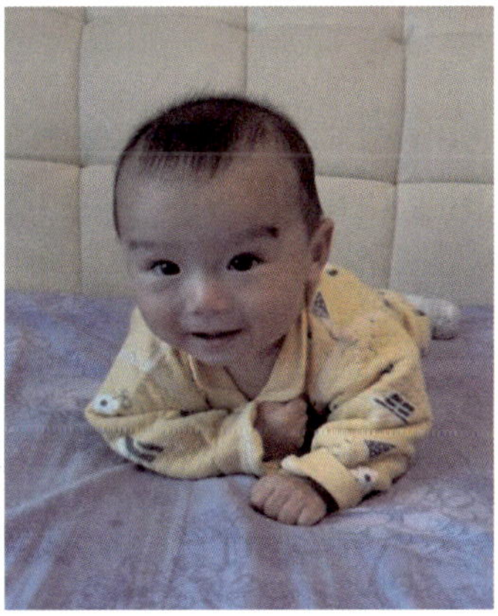

图2－11　4个月婴儿抬头

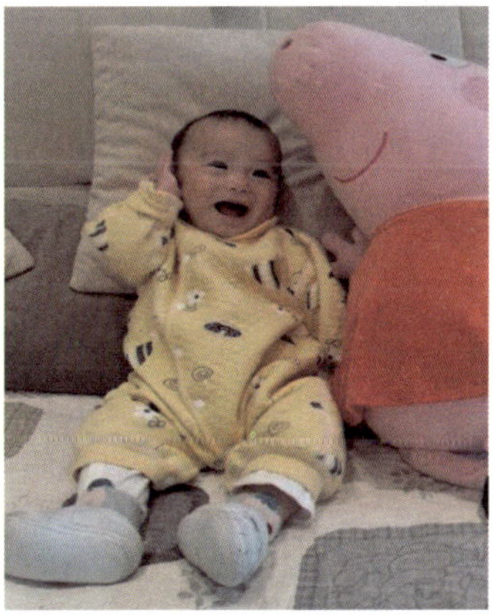

图2－12　5个月婴儿需靠着支撑物坐

2. 精细动作发展

此阶段，婴儿的小手越来越灵活了，能主动去抓玩具（见图 2－13），反复摇晃、敲打玩具，放进嘴里品尝（见图 2－14），还能把玩具从一只手换到另一只手。

图 2－13　主动抓玩具

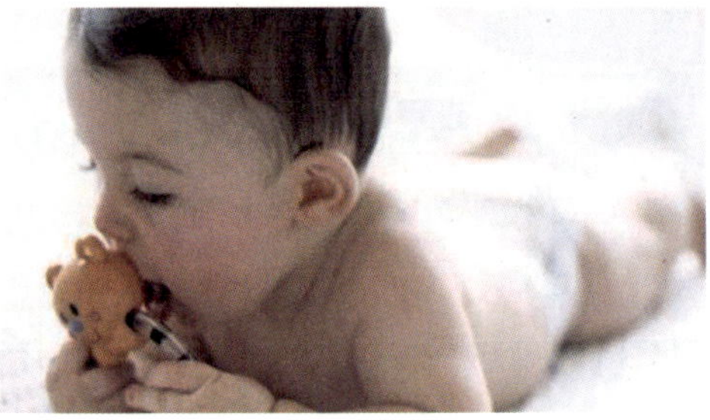

图 2－14　手口动作

（二）认知发展

随着婴儿身体发展逐渐增强，这个阶段的婴儿已经不局限于躺在床上，接近 6 个月时婴儿可以短坐一会儿，视野越来越广阔，环视的范围扩大了，好奇心也逐渐增强。在熟悉妈妈的基础上，对周边的人也慢慢熟悉，能够认识爸爸以及周围常见的亲人。但如果妈妈在场，婴儿还是直接找妈妈，妈妈抱时，表现出开心的样子。同时也能根据对照护者的熟悉程度进行排列，这也说明婴儿的记忆能力有了发展和提高。

（三）语言发展

4～6 个月婴儿听到熟人的声音后会有应答反应，有时还可以发出“咯咯”的笑声。另外，除了会发出“啊”“哦”的音节之外，可以发出的声音更多了，不仅能发出辅音 b、p、d、g 等，还可以发出 ma-ma、na-na、de-de 等重复的连续音节。但这时发出的音节是无意识的，并不代表婴儿真正能叫出“妈妈”或“爸爸”了。此时的婴儿很喜欢与成人“说话”，喜欢看着成人说话时的口型，时而进行模仿。

（四）情感与社会性发展

随着婴儿手的动作的发育，这个月龄的婴儿逐渐喜欢上了摆弄东西，并在这样的活动中获得愉快的情绪，懂得以微笑作回报，如果他的活动受到限制，他也会很愤怒，并以哭闹来表达自己的愤怒。当成人呼唤他名字时，他能做出反应，并表现出愉快的情绪。当然，他的情绪变化也非常快，刚刚还在哈哈大笑，可能会突然因为某件事情而变脸。如果有陌生人到来，他会立刻表现出一种不安全感和紧张感。

从社会性发展的角度来看，4～6 个月婴儿的社会性在原有的基础上有了一定的发展。但各维度仍处于萌芽阶段，对外界刺激的反应仍多为生理性的反应，但随着认知和动作能力的发展，儿童对他人有一定的喜好倾向，并有了初步的同伴意识，也有了一定的主动性，对自身的控制性和自我意识增强，生活适应能力也逐渐增强。5个月左右的婴儿已经有了初步的同伴意识，能够区别成人和孩子，会对同伴微笑。开始区分对待熟悉的成人与陌生人，并有了明显的喜好；6个月左右的婴儿开始认人了，情感的表达方式也更加丰富，喜欢与他亲近熟悉的人待在一起，如父母或亲近的养育者，对他们的声音也十分敏感。听到他们的声音，就会很高兴，亲子关系中开始有了较为明确的依恋对象。

（五）艺术启蒙

艺术表达的过程是婴儿心境和情感的表达。婴儿可以随着音乐有节奏地晃动身体，这样不仅可以发展婴儿的节奏感，还可以促进身体整体的协调性。

二、4～6个月婴儿玩教具推荐

（一）动作发展类玩教具

4～6个月婴儿已经进入第一个明显的口欲期，有些发育较快的婴儿这时候已经开始萌出第一颗牙齿了，拿到什么都想往嘴里放。此时可以选择轻便、安全的牙胶类玩具（见图2－15）、曼哈顿球（见图2－16）等，可让婴儿轻松地同时抓握和咀嚼，锻炼其精细运动技能（抓握）和手眼协调能力（将其带到嘴里），并满足口腔需求。

图2－15　牙胶类玩具

图2－16　曼哈顿球

除此之外，不同颜色、形状和质感的挂件（见图2－17），对于4～6个月婴儿的视觉和触觉来说，都是一种锻炼。例如，婴儿健身架（见图2－18）的每一个挂件都可以摘下来，当作一个手摇铃，来锻炼婴儿的听觉和视觉追踪能力，同时也可以练习四肢肌肉力量和手脚协调性训练，还有手指抓握等精细动作训练小肌肉群，帮助婴儿早日学会爬行坐立等大运动。

图 2－17 挂件

图 2－18 健身架

（二）认知发展类玩教具

适合4～6个月龄婴儿的认知发展类玩教具包括不同尺寸的软弹触感球（见图2－19）、软积木（见图2－20）、纸盒等，通过拿捏球的过程锻炼婴儿的抓握能力，不同颜色可以增加婴儿对色彩的认知和审美。在玩触感球时，家长可以引导婴儿把每个花纹小球从大球上“抠”出来或“塞”进大球中，来提升精细运动及手眼协调。将组装好的大球放在地上滚，也可以立刻吸引婴儿练习追爬。而这类积木中的排列、接合、环形、对称等都对婴儿的智力有好处。

图 2－19 触感球

图 2－20 软积木

（三）语言发展类玩教具

4～6个月婴儿的语言发展类玩教具可以选择布书（见图2－21）或硬纸板书（见图2－22）。虽然婴儿的手部肌肉已有所发育，但还没有完全发育好，布书及有一定厚度的纸板书让婴儿很容易地就可以翻阅，以此来锻炼婴儿的手部肌肉，促进婴儿手、眼、耳的多维感知发展。而且这类书小手撕不烂，方便清洗，保存时间长，里面各类材质、声音的故事元素能让婴儿玩得很开心。

图 2－21　布书

图 2－22　硬纸板书

（四）情感与社会性发展类玩教具

这类玩教具能够使婴儿模拟成人世界，学习生活技巧，有更多机会认识自己身边环境并吸收相关生活经验，如毛绒娃娃（见图 2－23）、填充玩具及各种能玩“娃娃家”的玩具。4～6个月的婴儿开始对镜子（见图 2－24）产生浓厚的兴趣，他们喜欢看镜子里一模一样的自己，并开心地和镜中的婴儿互动。任何一面不易碎的镜子，在这时都可以拿来给婴儿当玩具。

图 2－23　毛绒娃娃

图 2－24　镜子

（五）艺术启蒙类玩教具

随着婴儿抓握能力的增强，他们开始喜欢抓握一些条状的物体，并享受摇晃物体所带来的乐趣，例如：沙锤（见图 2－25）、手摇铃（见图 2－26）特别适合这一阶段的婴儿。摇晃所带来的“沙沙”声响，不仅可以逗引婴儿练习双手协调性，而且对于婴儿乐感的启蒙，也是很有帮助的。

图 2－25　沙锤

图 2－26　手摇铃

有些玩具形象生动、能响会动，如小熊打鼓（见图 2－27）、小鸡吃米（见图 2－28）、不倒翁（见图 2－29）等，婴儿见到后会跟着摇头晃脑，听到歌曲时，也会伴随着音乐节拍晃动手和脚，从而体会到其中的乐趣，以此来训练婴儿的听觉和视觉。

图 2－27　小熊打鼓

图 2－28　小鸡吃米

图 2－29　不倒翁

三、4～6 个月婴儿游戏活动设计与指导要点

4～6 个月的婴儿已经开始对周围事物产生兴趣，急于和周围互动，喜欢自言自语咿呀不停，喜欢听音乐、儿歌和被呼唤名字，喜欢主动拍、打、抓取眼前的玩具，喜欢向亲人伸手要抱，这时候，就可以在婴儿的游戏中加入感官训练了。

（一）4～6 个月婴儿游戏活动设计

1. 强化本能反射

4～6 个月婴儿动作发展主要表现为加强躯干的控制，例如独自坐着、尝试扶站等，下肢力量有明显的发展。促进婴儿大动作的发展，设计有趣的游戏是极为有效的途径。同时可多刺激婴儿所具备的无条件反射，例如抓握反射、迈步反射等。这些反射对于婴儿保护自己具有重要的意义。

2. 刺激感官发展

婴儿认识和了解世界主要是运用感官认识，只有具备较好的感官能力，才能更好地接触外面的世界，因此照护者可以向其提供丰富多彩的玩具作为感知对象来设计游戏，以此来刺激此阶段婴儿的感官发展。

3. 鼓励发音

语言的发展对婴儿的身心健康有着积极的影响，婴儿的语言发育过程是先听后说，不断促进婴儿语言的发展，才能更好地促进婴儿整体素质的发展。所以，要多与婴儿进行语言交流，或是用音乐和儿歌设计开展游戏，训练婴儿的听觉，逐步让婴儿明白成人的语言，从而鼓励婴儿发音。

（二）4～6个月婴儿游戏活动指导要点

1. 创造条件，发展认知

客体恒存性是婴儿今后认知能力发展的重要基础，所以照护者可以利用生活中一切机会跟他一起玩相关的游戏，例如躲猫猫，帮助婴儿加深对这个世界的理解，懂得跑出自己视线的东西依然存在。

2. 练习翻坐，协调发展

在这一阶段，照护者还要训练婴儿自由翻身以及坐的能力，翻身主要是依靠上肢和上身的力量，如果婴儿的肌肉力量较强，身体比较灵活，四肢协调能力较好，可能翻身的时间较早。四五个月的婴儿可以从仰卧位翻身到俯卧位，五六个月的婴儿则可以轻易地由仰卧位转到侧卧位，再由侧卧位转至仰卧位。六七个月的婴儿已经能自如地翻身了，但有些较胖的婴儿，身体协调能力较差，翻身动作可能会较慢。

3. 精细动作，牢记安全

婴儿相关的动作能力得到了一定的发展，我们可以引导和鼓励婴儿同时运用两只手抓起玩具对敲，两手之间进行相互交换，还可以让婴儿练习用手指捏起小物件，比如小纸团、面包渣等。这时的游戏，照护者一定要陪伴在婴儿身旁进行监管，不要选择过小、易碎的玩具，以免婴儿把危险物吞下去，发生意外。

4. 能听会说，发展语言

婴儿言语能力的锻炼也可以提上日程了，要让4～6个月的婴儿学习语言，最开始就是要理解语言，所以成人要利用各种机会跟婴儿进行简单的交流，说话时吐字要清晰，口型要夸张，并且不断地重复，可以模仿婴儿的声音与之对答，鼓励婴儿学习和模仿简单的发音，也可以播放一些儿歌、诗词，还可以用指认画片和对比实物的办法，让婴儿熟悉最常见的词语，把字词和概念联系起来。学习言语理解和表达需要相对较长的时间，在当前的游戏中，婴儿或许回应不多，但他一定会默默地吸收很多营养。

5. 拓宽视野，积累经验

在亲子互动中，除了积极引导婴儿投入生活游戏活动，还要注意采取特定的方式来取得婴儿的配合。比如，婴儿在4～6个月时，社会性有了一定的发展，他们在面对陌生人时，会本能地回避，特别是敏感谨慎的婴儿，会表现出害怕的样子，也较害怕陌生的环境，不高兴的时候，只让爸爸妈妈或亲近的照护者抱。如果父母突然或强行地让婴儿接触陌生人，可能会给婴儿带来极度的紧张感和巨大的压力感，甚至会大哭。而这种强烈的消极情绪反应会严重影响婴儿日后交往能力的发展和心理安全感的获得。所以要了解婴儿发展的特点，多带婴儿出门，让婴儿多与陌生人接触，起初婴儿进入一个陌生的环境会不习惯，父母要表现出很高兴、很欣喜的样子，要跟婴儿讲话，讲周围的环境。家长让陌生人抱婴儿时，一定要让婴儿有一个心理准备阶段。可以先远远地看，然后慢慢地接近，家长可以示范，先与陌生人打招呼，等婴儿熟悉后，再进行接触。通过不断积累积极的经验，婴儿长大后就能更好地拥有与人交往的能力。

知识拓展

随着年龄的增长，4～6个月的宝宝会用小手抓握周围的东西，会拿住递过来的小玩具。看到喜欢的东西会动来动去，并想要抓住。部分宝宝也会萌出第一颗牙，进入口欲期，他们会将玩具以及各种用手抓得到的东西放入口中，所以在游戏时，家长要陪伴在宝宝身边，悉心照料，保证游戏过程的安全，在选择玩具时也应注意以下几点：

1. 玩具要安全，无毒无异味、光滑无锐角；能发出声音的音量不可超过50分贝。

2. 玩具不应该太小（也不应该被容易拆卸成小零件），最好是整个玩具大于孩子的嘴巴，因为婴幼儿喜欢把玩具放进口中，容易发生呛入气管或吞入食道的危险；同时也要避免婴幼儿玩纽扣、塑料小球等，防止将之塞到鼻孔、耳朵孔内发生意外。

3. 玩具上不应该装饰有过长的绳索或者带子，万一照看不小心，婴幼儿在独自玩耍时很容易被绳索缠绕肢体、颈脖，引发肢体坏死、窒息等意外。

4. 玩具还要便于经常清洗、消毒、曝晒，防止病菌通过手和口传给孩子引发疾病。

（三）4～6个月婴儿游戏活动案例

1. 动作发展类游戏案例

小手撕纸

【适宜年龄】 4～6个月。

【游戏目的】 发展婴儿的精细动作能力、手眼协调能力。

【游戏准备】 各种不同质地的纸若干。

【游戏玩法】

（1）照护者陪伴在婴儿身边，引导婴儿随意撕出一些图形。

（2）游戏过程中要与婴儿交流，不断地轻声夸奖：“撕得真好！”“哟，宝宝撕了一只小鸡出来了。”

【游戏指导】

（1）早期，照护者可以先给婴儿一些卫生纸、纸巾，教会婴儿将大纸撕成小纸，再撕成纸屑，使婴儿初步认识到自己有改变外界环境的能力，从中得到乐趣，更重要的是这既训练了婴儿手眼的协调能力，也促进了脑功能的健全与成熟。

（2）照护者可以和婴儿一起撕纸。在撕的过程中，可以随机编一些儿歌，比如“撕呀撕，撕成长长的，一条小鱼游来啦；撕呀撕，撕成圆圆的，一个苹果出现啦……”使用儿歌的目的在于让婴儿将撕纸这个游戏与语言结合起来，为接下来的语言发展奠定基础，因此不必过于注重对仗工整以及押韵，实用即可。

抚触

【适宜年龄】4～6个月。

【游戏目的】通过照护者的抚摸，发展婴儿触觉。

【游戏准备】适宜的温度、抚触油。

【游戏玩法】

（1）在婴儿情绪状态良好时，照护者将抚触油涂抹在掌心轻轻揉搓，待掌心揉搓发热后，开始对婴儿进行抚触。

（2）抚触时从面部开始，先从眉弓上缘，双手对称向两侧太阳穴按摩，一个部位可以按摩10～15下。接下来按摩唇部下缘，以唇部下缘正中为中心，向外耳道外侧进行提拉，也是一个部位按摩10～15下。

（3）按摩完面部后，依次向下按摩胸部，胸部也是双侧对称，从肋弓外缘开始逐渐按摩，而后按摩腹部，腹部一般以肚脐为中心顺时针按摩，接下来按摩婴儿的四肢，最后按摩脚丫。

（4）抚触背部时，让婴儿趴下。照护者用指尖在婴儿脊柱的两侧打小圈，从脖子一直到臀部。

【游戏指导】 抚触的手法要轻柔。不要选择婴儿刚喝完奶时进行，一般在婴儿喝完奶后一个小时左右或者入睡前婴儿情绪状态良好时进行。

2. 认知发展类游戏案例

世界真奇妙

【适宜年龄】 4～6个月。

【游戏目的】 感知外部的世界。

【游戏准备】 小推车1辆。

【游戏玩法】

（1）在一个天气晴好的日子，选择晚饭后阳光不太强烈时，推婴儿在小区或公园里遛弯儿。

（2）让婴儿看看目之所及的一切，如蓝天白云、花草树木、行人车辆、各种建筑设施等；让婴儿听听耳之所闻一切，如鸟鸣、宠物狗的叫声、汽车的鸣笛声、各种交谈人声等。

（3）照护者要多和婴儿说话，告诉他看到的、听到的都是什么。

【游戏指导】 外面的世界很精彩，对于一个婴儿来说，更是如此，照护者可以和他一起重新认识外面的世界。

香香苹果

【适宜年龄】 4～6个月。

【游戏目的】 促进触觉、视觉、嗅觉的发展。

【游戏准备】 颜色及大小不同的苹果，如红苹果、青苹果、黄苹果。

【游戏玩法】

（1）让婴儿俯卧在床上，依次取出不同颜色和大小的苹果，放在婴儿的眼前，吸引婴儿看一看、摸一摸和闻一闻。

（2）看看婴儿对哪种类型的苹果感兴趣，取一个小细绳，拴住这个苹果的柄，然后在婴儿眼前拎起摇晃，让婴儿的目光追随苹果移动。

（3）用去掉柄的苹果在婴儿身上滚来滚去。

（4）游戏进行时，照护者可以给婴儿哼唱下面的儿歌：

大苹果，圆又圆，小嘴巴，馋又馋，
掰一下，掰不开，咬一口，咬不动。
苹果里面有个洞，
住着一个大青虫，
大青虫笑哈哈，
掰不开，咬不动，
我的家安全啦。

【游戏指导】 很多成人都喜欢给婴儿买高档玩具，殊不知生活中很多物品都是婴儿的好玩具，它们不但便宜，而且在“见不多识不广”的婴儿眼里是那么新鲜有趣。比如说大苹果，又有哪一种玩具能替代它所散发出来的香味？

3. 语言发展类游戏案例

学宝宝说话

【适宜年龄】4～6个月。

【游戏目的】促进婴儿语言交流能力的发展。

【游戏准备】婴儿情绪良好时。

【游戏玩法】

（1）如果婴儿发出“啊”的语言，照护者要仔细听，并点头表示听懂了，然后也学着婴儿说“啊”以示回应。

（2）如果婴儿发出“咕”“吧”“哦”等语音时，照护者要重复婴儿的语音。

（3）照护者试着稍微改变婴儿的发音，如在一个音节后面加一些音节（把“啊”变成“啊哈”，把“吧”变成“吧啊啊啊”）。

【游戏指导】6个月以内的婴儿发出的声音都差不多，但这之后，他们会开始重复自己听到的最多的声音，因此照护者要耐心为婴儿示范如何说话。事实上，能让婴儿语言能力得到发展的最好办法，就是多和婴儿说话，而日常生活的语言是最鲜活、最富有生命力的语言。

模仿动物的叫声

【适宜年龄】4～6个月。

【游戏目的】帮助婴儿区分各种动物的不同声音，模仿动物叫声。

【游戏准备】一些动物卡片，如小鸭子、小狗、小鸡等。

【游戏玩法】

（1）婴儿靠在照护者的怀里，照护者随意抽出图片。

（2）握着婴儿的小手指着图片上的动物，让婴儿看，并告诉婴儿是什么动物。

（3）学动物的叫声，比如抽出的是小鸭子，就学小鸭子叫：“小鸭子，嘎嘎嘎”；抽到小狗，就学小狗叫：“小狗小狗，汪汪汪”。

【游戏指导】在学小动物叫时，照护者还可以做出各种有趣的动作，引起婴儿的兴趣。婴儿在照护者的引导下也会“咿呀”地叫起来。

4. 情感与社会性发展类游戏案例

空中小飞人

【适宜年龄】 4～6个月。

【游戏目的】 获得快乐的情绪情感体验，培养对他人的信任感。

【游戏准备】 婴儿情绪良好，吃奶后半小时。

【游戏玩法】

（1）照护者可采用橄榄式抱法抱住婴儿，即婴儿腹部朝下，照护者用一只手臂托住婴儿的腹部和胸部，另一只手抓住婴儿的手腕，并使婴儿的手臂伸直，像打开飞机的机翼。

（2）与此同时，照护者一边轻轻前后摆动，一边和婴儿说话，如飞过了高山，飞过了草原。飞机场在哪里？找个地方降落啦。

【游戏指导】 在婴儿因胀气等而哭闹时，这个游戏可以让婴儿安静下来，而且游戏时婴儿会试图抬起头，会让颈部和肩部得到锻炼。游戏中要随时留意婴儿的情绪，不要让婴儿产生恐惧。第一次玩时，速度一定要慢一点儿，如果婴儿喜欢，可以多玩一会儿，如果婴儿出现害怕的情绪，就放慢节奏或者暂时停止。

亲亲宝贝

【适宜年龄】 4～6个月。

【游戏目的】 感受成人面部表情的变化，获得愉悦的情绪，积极参与互动。

【游戏准备】 婴儿情绪良好，舒软的大床。

【游戏玩法】

（1）婴儿洗完澡后平躺在床上。

（2）照护者轻轻地抬起婴儿的小脚丫，轻轻触碰小脚丫，逗引婴儿产生欢快享受的情绪。

（3）照护者面向婴儿，一边逗引，一边发出“呃啊”声、“咯咯”声，引导婴儿出声搭话。

【游戏指导】

（1）照护者经常俯身面对婴儿，朝他微笑，对他说话，做各种面部表情。

（2）关注婴儿的情绪反应，如情绪激烈时立即暂停游戏，让婴儿适当休息缓和情绪。

5. 艺术启蒙类游戏案例

听美妙的声音

【适宜年龄】 4～6个月。

【游戏目的】 通过聆听美妙的音乐，增强婴儿的艺术欣赏能力。

【游戏准备】 舒适的环境、钢琴曲（或其他舒缓的音乐）。

【游戏玩法】 日常生活中，抱着婴儿时，可以播放钢琴曲，照护者跟着哼唱，或是跟随节拍轻轻地拍婴儿的后背。

【游戏指导】 可以为婴儿提供多种风格的音乐，让婴儿受不同音乐种类的熏陶，在欣赏音乐的同时丰富情绪体验，增强艺术欣赏能力。

跟着音乐做动作

【适宜年龄】 4～6 个月。

【游戏目的】 促进婴儿对音乐节奏的感知，提高身体动作协调性。

【游戏准备】 音乐《幸福拍手歌》，地毯。

【游戏玩法】 让婴儿躺下或靠在沙发上，照护者盘腿坐婴儿对面，播放音乐，跟随音乐一起拍手打节拍，听到“如果感到幸福你就拍拍手”，就用自己的手拍拍婴儿的手；听到“如果感到幸福你就跺跺脚”，就拿起婴儿的小脚做跺脚动作；听到“如果感到幸福你就拍拍肩”，就用自己的手拍拍婴儿的肩膀。可以多次重复，也可以自己改编歌词进行创编，如：“如果感到幸福你就摸摸头”，用自己的手拍拍婴儿的头。等婴儿熟悉以后可以引导婴儿自己完成相关动作。

【游戏指导】 可在婴儿吃奶后 1 个小时不烦躁、不饥饿、精神状态好时进行，每次游戏 5～10 分钟，在进行艺术活动前为婴儿创设安静的环境，避免过多的干扰物分散婴儿的注意力；音乐声音不可过大，以免对婴儿的听力造成损伤；在活动中，照护者可以大声跟唱，并鼓励婴儿咿咿呀呀地回应发声，让婴儿有更好的情感体验。

第三节 7～9个月婴儿游戏活动设计与指导

9个月的丁丁会手膝爬了，能扶物站立，偶尔能够挪动小脚走一两步，手指很灵活，可以自己抓起一颗小溶豆放嘴巴里吃，模仿能力也很强，会学奶奶打电话，会学大人用手拍打嘴巴发出“哇哇哇”的声音，会用哭、摆手、摇头来表达自己的需求，会发出“咿咿呀呀”的声音，看到妈妈也喜欢要抱抱。

提问：你知道9个月丁丁的发展要点是什么吗？该如何正确认识丁丁的种种表现呢？

婴儿到了7个多月，能够坐得比较稳了，喜欢社交，也喜欢模仿，手指的协调性在逐渐提高，喜欢撕纸扯纸巾，在慢慢地学习从坐姿到俯卧姿势，想要依靠自己的力量挪动身体进行移动，去探索更多的空间和世界，逐步掌握爬行的技能，这时需要借助一些玩具和游戏来帮助婴儿更好地进行爬行训练和精细动作训练。

一、7～9个月婴儿发展概况

（一）动作发展

1. 大动作发展

7～9个月的婴儿大动作发展的主要任务是能够独坐得稳、学习爬行。7个月左右的婴儿，能够独坐，且坐得比较稳了，往前方倾斜时需要用两手向前支撑；8个月左右的婴儿，独坐自如，往前方倾斜时能保持平衡而不倒，能够从坐姿自如转变为俯卧姿势；9个月左右的婴儿能用上肢往前爬，扶着双腕能站立，站立时腰、髋、膝关节能伸直，能扶物从坐姿转换成站姿。

2. 精细动作发展

7～9个月的婴儿身体动作发展迅速，精细动作的发展正处于以手指动作发展为主的阶段。6个月时婴儿逐步形成眼和手的协调运动，7～12个月时手的动作开始形成。

7～9个月，婴儿的五根手指出现动作分工，逐步学会了拇指与其余四指配合的抓握动作。婴儿从开始用两只手配合玩耍一个物体，逐渐地能够把一只手里拿的东西放在另一只手里，慢慢就可以用不同的方式摆弄各种物体，比如把小盒子放在大盒子里，把小的物品放到小碗、杯子、瓶子等不同容器里面去，用小棒击打铃铛，按开关，抽取纸巾盒里面的纸巾，等等。婴儿在手指操作物品的过程中慢慢地了解各种物品的属性，认识事物之间的各种联系。这个时期的婴儿最喜欢用物体做重复的动作。例如，把积木放在盒子里，又倒出来，再重新放进去；把东西反复地从高处往下丢，帮助他捡起来后又继续从高处往下丢，不断重复同一动作，能持续较长时间。

资料链接

婴幼儿的精细动作发展顺序是从开始的满手抓握逐步发展成用拇指与其他四指对握，再到用食指与拇指对握。精细动作的发展代表着婴幼儿大脑神经、骨骼肌肉、感觉统合的成熟程度，对婴幼儿进行精细动作训练，应该依据婴幼儿的精细动作发展顺序来逐步进行，不可揠苗助长。

出生～1岁婴幼儿精细动作发展顺序

出生：两手攥拳，刺激后握得更紧，握持反射明显。

2个月：两手依然呈握拳状态，但紧张度逐渐降低，把拨浪鼓放在手心能抓握几秒。

3个月：能将双手放到面前观看并玩自己的双手，出现企图抓握东西的动作。

4个月：能在拇指的参与下抓住物品，能注视抓到的物品，并摇晃物品。

5个月：偶尔能抓住悬挂在自己胸前一手距离的东西，会有意识地主动去抓东西，但不一定抓到，如果抓到了，就把东西往嘴里送。

6个月：用整个手掌握物，准确地拿取悬挂在胸前一手距离的东西；会撕纸玩；可以把弄、抓起一块积木，能握住奶瓶。会玩自己的脚。

7个月：能一手拿一个东西，也能在双手间有意识地、准确地传递物体。

8个月：用拇指和其他三指拿起桌上的小物品，并松开手，拿取和松手动作自如，有意识地摇响手中物品（如拨浪鼓）。

9个月：能将两手拿的东西对敲，能用拇指和食指对捏小物品，可以用拇指和食指捏起小物品（如爆米花、葡萄干、溶豆等）。

10个月：能主动松手放弃手中的物体，反复将东西扔到地上听声音；能握住线或者绳子拉动牵引的玩具。

11个月：主动打开包积木的花纸，几页几页地翻书，全手握住笔在纸上留下笔迹；能在示范下推动小玩具车前行。

12个月：能把东西递给别人，会把小东西拿起放入小碗、杯子、瓶子等容器中。

（二）认知发展

新生儿并不具备成人所特有的各种认知过程，最初只有感知觉和原始的记忆与注意，婴儿对世界的认识是从感知觉开始的。婴儿的操作活动和认知活动没有完全分化开来，他的认知活动和操作活动紧密相连，一方面婴儿的认知活动必须依靠外在的操作活动，婴儿通过感觉通道如眼睛、鼻子、嘴巴、耳朵去感知事物的外在属性；另一方面婴儿的认知活动都是通过动作来表现的，如借助语言或者肢体语言、哭声、表情等来表达自己的需求。

7～9个月的婴儿正处于感知运动阶段中有目的的动作形成阶段，他们的认知发展速度非常快，喜欢反复看一些熟悉的物品和书；能够从不熟悉的面孔中分辨出熟悉的面孔，如能在一群人里面快速找到妈妈；喜欢模仿不同于日常的行为；开始对填充和倒空容器感兴趣，喜欢反复；开始进行有目的的探索行为，能找出完全藏匿的物品。

（三）语言发展

婴儿的语言发展是一个连续的、渐进的、有规律的过程。7～9个月婴儿正处于语言的准备期和敏感期。在这个时期虽然他还不会说话，但是能够发出连续的音节，正在开始理解语言，能够听懂简单语言的意思。7～8个月会咿咿呀呀地发出不同的声音，特别是“mama”“baba”等一些唇音，但无特殊意义。9个月开始模仿简单发音如“啊”“哦”“咿”等，会用自己的语音来表达不同的情绪，能通过语言指令做出相应的动作，如听到“拜拜”时会做出摆手的动作，听到“鼓掌”时会做出拍手的动作。

（四）情感与社会性发展

婴儿的情绪在进化过程中先于情感而产生，情绪着重体现情感现象的过程和状态，情感主要体现情感现象方面的内容，而且是与社会性需要相联系的那部分情感现象。加拿大心理学家布里奇斯的情绪分化理论中提出，6个月以后，婴儿的情绪分化为愤怒、厌恶和恐惧。7～9个月时婴儿脸部表情、凝视行为、声音和身体动作等协调组成了对社会事件的情绪反应模式，他能觉察他人情绪表达的含义，能看懂成年人的面部表情，受到责骂时会哭，受到表扬时会开心，对熟悉的人表示喜欢，看到陌生人就会害怕、哭泣，更加追逐和依恋妈妈。当妈妈离开时会产生分离焦虑，哭闹不止，在日常生活中会经常性地表达自己的害怕和愤怒、生气。

（五）艺术启蒙

随着婴儿大运动、手部精细动作、语言的逐渐发展，7～9个月的婴儿能够躺着、坐着、趴着或者被成人抱着、扶站着完成一些艺术活动。他们的涂涂画画、揉揉捏捏、扭扭动动、咿咿呀呀好像没有什么目的，但在乱涂乱画的过程中，婴儿的身体和小手会越来越灵活，在摇头晃脑的过程中，婴儿的肢体更加协调，在咿咿呀呀的聆听中，婴儿的智力发育、乐曲节奏的感知能力等都能得到提升。在进行艺术活动过程中，他们的想象力和创造性也得到发挥和发展。7～9个月婴儿的艺术活动以歌曲欣赏、涂鸦、律动感知为主。

二、7～9个月婴儿玩教具推荐

（一）动作发展类玩教具

7～9个月的婴幼儿能独坐得比较稳了，虽然精细动作协调性差，但是喜欢动手操作，喜欢用手指进行拨动、敲击、拿起、放下、丢、扔、扯等动作练习，同时他们也正处于爬行的练习时期，对这个阶段的婴儿可着重推荐能让婴儿坐着玩的，以及能帮助婴儿进行爬行练习的玩具，如爬行鸭、爬行宝宝（见图2－30）。爬行宝宝玩具造型可爱，配色简单，拥有很多动感儿歌，能吸引婴儿的注意力，通过声、光、爬行动作、可爱造型等吸引婴儿学习爬行、练习爬行。

图2－30　爬行宝宝

（二）认知发展类玩教具

认知发展玩教具推荐：声光彩虹叠叠杯（见图2－31）。

图2－31　声光彩虹叠叠杯

声光彩虹叠叠杯有多种玩法。首先小松鼠头部带有灯光，当婴儿堆叠完把小松鼠放在塔顶时，小松鼠会发出滑稽的声响和音效来奖励婴儿。其次，可以杯口朝下从大到小堆叠，也可以把杯口朝上从大到小堆叠；还可以把每个杯子当成是积木块，进行不同类型的拼搭；每个杯子底部有小洞，可以当作洗澡的玩具、玩沙的工具，或者是迷你的花盆来栽种花草；每个杯子底部有不同的形状造型，有助于促进婴儿的形状认知；每个杯子颜色不同，能提升婴儿的颜色认知能力；每个杯身都有对应的数字，有助于提升婴儿的数字认知。最重要的是婴儿在抓取、摆放这些杯子时，能够较好地培养抓握能力和手指的协调能力。

（三）语言发展类玩教具

语言发展玩教具推荐：六面体手拍鼓（见图2－32）。

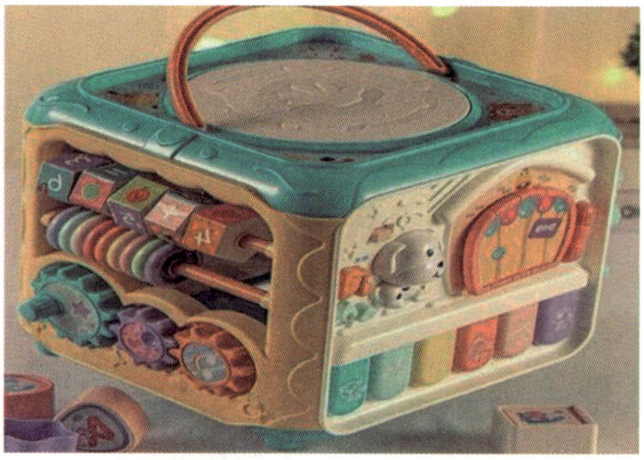

图 2-32　六面体手拍鼓

六面体手拍鼓每一面都有不同的玩法，能够很好地发展婴儿的抓、握、插、按、提、捏、转、扣、拍、拿起、放下、开关、拨等精细动作，促进婴儿的五指分化，发展婴儿的手眼协调能力和专注力。丰富多彩的音乐可以培养婴儿良好的音乐审美素养；电子狗狗可以和婴儿进行简短对话；电话手柄能够帮助构建沟通对话场景，帮助婴儿开口说话，提高婴儿的人际交往技能；电话上面不同的按键还能发出不同小朋友打来电话的对话，帮助婴儿积累词汇，理解语言情景。

（四）情感与社会性发展类玩教具

情感与社会性发展玩教具推荐：玩偶书（见图 2-33）。

图 2-33　玩偶书

玩偶书形象可爱，深受孩子的喜欢，把手穿过手偶给孩子讲故事，手偶好像活了一样，可以和孩子玩“打招呼说你好”的游戏，还可以玩躲猫猫的游戏，同时，因为照护者的手在后面控制玩偶，可以让孩子与玩偶产生一些亲社会行为和模仿行为。比如可以用小玩偶亲亲孩子，和孩子握握手，还可以做出刷牙、洗脸、擦香香的动作，帮助孩子理解一些生活中常见的生活自理动作，促进其社会化。同时，创设语言情景、故事情景，提高孩子的语言理解能力、表达能力。

（五）艺术启蒙类玩教具

艺术启蒙类玩教具推荐：会躲猫猫的菲比小象（见图2-34）。

图2-34 会躲猫猫的菲比小象

菲比是一只会唱歌的小象，它毛茸茸的，有着呆萌可爱的大耳朵，摸起来软绵绵的，它可以一边唱歌一边煽动它大大的耳朵，还会和婴儿玩躲猫猫的游戏，帮助婴儿认识物体的客体永恒性，提升婴儿音乐审美能力的同时促进其社会性发展。

三、7～9个月婴儿游戏活动设计与指导要点

（一）7～9个月婴儿游戏活动设计

在进行7～9个月婴儿游戏设计时，既要考虑到婴儿在这个年龄阶段主要的发展任务，还要注重婴儿的全面发展。如在游戏内容上，可以多选择促进婴儿爬行练习的游戏，爬行练习时要从简单的腹爬逐渐过渡到较难的手膝爬、手足爬，在游戏过程中用简单的口令、夸张的表情、重复的语句跟婴儿进行交流沟通，促进婴儿的语言、情绪情感的发展，还可以播放优美的音乐，促进婴儿节律感的发展，在爬的游戏中加入可抓握的材料，促进精细动作的发展。在游戏材料的选择上尽量以家中常见的低结构材料为主，就地取材，不断变换玩法，刺激婴儿对材料特性的全面认知，刺激婴儿感知觉发展和思维整合能力的发展。游戏过程中要注意训练时间不可太长，在训练开始前有热身活动，训练结束后有放松活动，不要过于频繁更换游戏内容，可适当重复。

（二）7～9个月婴儿游戏活动指导要点

1. 鼓励婴儿多爬行

7～9个月的婴儿这个阶段主要的发展任务是能够爬行，且能够掌握自己爬行的速

度和方向。爬行使婴儿主动地移动自己的身体去探索更大更广的世界，扩大婴儿认识世界的范围和广度；婴儿在爬行中可以加强前庭与感觉系统的统合，使身体更加灵活，促进大脑的发育；爬行是一项综合性的强身健体的活动，爬行时，头颈仰起，胸腹部抬高，靠四肢交替轮流抬起，锻炼了胸腹部、腰背部、四肢等全身大肌肉群的力量。在爬行过程中要注意创设安全的爬行空间，不要怕脏、不要怕婴儿累，同时运用玩具、球等引导婴儿多多练习爬行。

2. 提供多样化的操作材料促进婴儿的动作发展

婴儿是在操作中学习的，丰富的、多样化的操作材料可以促进婴儿大动作和精细动作的发展，但是要注意丰富的、多样化的操作材料不能一下子全部都提供给婴儿，否则会分散婴儿的注意力，而且也不能很好地达到操作材料的作用和价值。多样化的材料需要找适宜的收纳箱进行收纳，并放到婴儿好拿取的合适位置。要定期检查、更新操作材料；定期消毒清洁操作材料。丰富多样化的操作材料可以来源于生活，比如家里面的开关、百叶窗等生活中常见的物品。

3. 创设良好的情绪体验空间和人际交往环境

为婴儿与成人的沟通交流创设环境，帮助婴儿理解他人的指令和情绪。在亲子交往中要重视语言交流、肢体交流、眼神交流，帮助婴儿构建多维交流沟通方式，重视亲子交往中的及时回应，为婴儿提供语言发展的机会，把认知活动、语言发展与日常生活结合起来，做到在日常生活中学习和发展。同时要主动为婴儿创设多个同伴交往的环境，鼓励婴儿与同伴交往。

4. 科学应对分离焦虑

婴儿对母亲有着天生的依恋情感，当母亲离开时，婴儿可能会哭闹不止，以为母亲离开了就是不见了、不回来了。良好的亲子关系可以构建婴儿满满的安全感，通过游戏的方式让婴儿体验消失的还会回来了，帮助婴儿逐步形成良好的依恋关系，科学应对分离焦虑。

（三）7～9 个月婴儿游戏活动案例

1. 动作发展类游戏案例

宝宝学爬

【适宜年龄】 7～9 个月。

【游戏目的】 提高婴儿手膝并用向前爬行的能力。

【游戏准备】 毯子、婴儿喜欢的玩具。

【游戏玩法】 将婴儿趴着放于毯子上，并将婴儿喜欢的玩具放在离婴儿前面一点的位置。随后引导婴儿向前爬拿玩具：“宝宝，你看这是你最喜欢的玩具，快点过来呀。”当婴儿向前爬行拿玩具时，照护者可适当将玩具再拿远一点，继续鼓励婴儿向前爬行。若婴儿无法向前移动时，在婴儿趴着时，照护者可用双手抵住婴儿的双脚，稍微用点力刺激婴儿往后蹬，婴儿往后蹬时双手不动或稍微给点往前的力，帮助婴儿感受在爬行中如何使用腿部力量，如何进行上肢和下肢的协调运用。

【游戏指导】婴儿学爬应在婴儿吃奶 1 小时后进行，每次 10 分钟，每天 3～5 次，直至婴儿掌握爬行技能。当婴儿情绪状态不佳时，要立刻停止练习。

戳一戳

【适宜年龄】7～9 个月。

【游戏目的】提高婴儿的手眼协调能力，锻炼小手手指力量。

【游戏准备】碗，保鲜膜，笔。

【游戏玩法】用保鲜膜把碗蒙起来，照护者给婴儿示范用手指头戳破保鲜膜，戳出一个洞来，一边做一边用简洁的语言进行讲解，并鼓励婴儿自己戳一戳。当婴儿熟悉戳的动作后可适当增加保鲜膜的张数，增加难度，并且可以用笔在保鲜膜上画上一个个小圆圈，引导婴儿戳破圆圈。

【游戏指导】注意保鲜膜张数不能过多，以免损伤婴儿的指甲，若婴儿用手指戳不开，可适当戳一个小洞帮助婴儿感受小洞戳成大洞的感觉，也可借助筷子、笔等东西进行戳的动作练习。

2. 认知发展类游戏案例

认识红色

【适宜年龄】 7～9个月。

【游戏目的】 帮助婴儿认识常见的几种颜色，特别是红色。

【游戏准备】 红色球、白色球、蓝色球、绿色球、黄色球；红色的车、红色的杯子、红色的笔、红色的帽子、红色的勺子等物品。

【游戏玩法】 首先拿出一个红色的杯子告诉婴儿，这是杯子，红色的；逐步出示其他的物品，做红色感知，认识红色。接着拿出不同颜色的球，给婴儿介绍有红色球、白色球、蓝色球、绿色球、黄色球，让婴儿在球里面取出红色球。最后把所有的东西放在一个容器里面，发出指令让婴儿拿取对应的物品，比如说红色的帽子、蓝色球等。

【游戏指导】 在介绍各个物品时，语速尽量慢一些，做完认知游戏后要为婴儿洗手。

软软的和硬硬的

【适宜年龄】 7～9个月。

【游戏目的】 帮助婴儿感知软和硬。

【游戏准备】 棉花、玩偶、橡皮泥、积木、笔、水杯、两个托盘。

【游戏玩法】 一个托盘中放入棉花、玩偶、橡皮泥，另一个托盘中放入积木、笔、水杯。先让婴儿感受软的物品，让他用手摸一摸，捏一捏，小脚踩一踩，并向他描述软软的触感；再让婴儿感受硬硬的物品，让他用手摸一摸，捏一捏，小脚踩一踩，并向他描述硬硬的触感；最后把物品混合在一起，让婴儿分一分哪些是软软的，哪些是硬硬的。

【游戏指导】 在介绍各个物品时，语速尽量慢一些，还可以多找一些家里面常见的软和硬的东西让婴儿进行认识、区分。

3. 语言发展类游戏案例

打哇哇

【适宜年龄】 7～9个月。

【游戏目的】 感知声音和节奏，提高发音兴趣，练习发音。

【游戏准备】 沙发。

【游戏玩法】 把婴儿放坐在沙发上，面对婴儿坐下，平视婴儿，照护者一边说“啊”，一边把手放在嘴巴上，重复捂上再放开，连续发出的“哇哇”声会吸引婴儿的注意力和回应。照护者可以把婴儿的手放在自己的嘴巴上，重复捂上再放开，让婴儿体验动作和“哇哇”声发出的气流。当婴儿模仿照护者发音时，照护者可以把手放在婴儿嘴巴上，帮忙婴儿发出“哇哇”声，听到自己有节奏的“哇哇”声，他会玩得更起劲。逐渐练习以后可以有节奏地发出一些长音、短音或者用“哇哇”声来唱一首歌，让婴儿感知“哇哇”声的多变有趣。除了发“啊”的声音以外，还可以尝试发一些不同的音，比如“咿”“妈”“哦”“呀”等，可以多示范几遍，反复引导婴儿。

【游戏指导】 在练习过程中、日常生活中，当婴儿咿咿呀呀的时候要及时给予回应；在进行打哇哇之前和之后都要为婴儿洗手。在日常生活中可多次重复该游戏。每次练习时间以5～10分钟为宜。

点名答到

【适宜年龄】 7～9个月。

【游戏目的】 帮助婴儿熟悉自己的名字，并且听到自己的名字有回应。

【游戏准备】 小猪、小狗、小猫等玩偶。

【游戏玩法】 把婴儿放坐在沙发或地垫上，面对婴儿坐下，平视婴儿，照护者对着小猪、小狗、小猫和婴儿依次点名，一边点名，一边用手指对应的玩偶，当点到婴儿名字时，引导婴儿发出应答的声音。

【游戏指导】 在练习过程中，当婴儿咿咿呀呀的时候要及时给予回应。在日常生活中可多次重复该游戏。每次练习时间以5～10分钟为宜。

4. 情感与社会性发展类游戏案例

斗 牛

【适宜年龄】 7～9个月。

【游戏目的】 增加亲子感情，体验愉快的情绪。

【游戏准备】 无。

【游戏玩法】 让婴儿与照护者面对面，先轻轻地用头去顶一下他的额头，发出“斗牛斗牛咯，哞哞哞”的声音，让婴儿感受一下脑袋碰脑袋的感觉，然后再用额头多次顶婴儿的额头（力度不能过大，不能把婴儿顶倒下了）。照护者要引导婴儿用力，感受斗牛游戏里面力与力之间的抗衡。游戏过程中，照护者可以微微用力顶一下，让婴儿突然重心不稳倒下去，注意要接住婴儿，如果婴儿也在顶照护者的额头，照护者可以非常夸张地倒下去，并配上夸张的语言，这种一来一回的互动，婴儿会玩得很开心，有愉快的情绪体验。

照镜子

【适宜年龄】 7～9 个月。

【游戏目的】 促进婴儿的自我认知，增加亲子感情，认识不同的表情。

【游戏准备】 镜子。

【游戏玩法】 把婴儿抱在自己的胸前，在镜子前面引导婴儿看一看、摸一摸，告诉婴儿："宝宝，这是你的鼻子，这是你的耳朵""这是我的鼻子，这是我的耳朵"；照护者也可面向镜子抱着婴儿随着音乐跳一跳，动一动，扭一扭，转圈圈；还可以在镜子里面做夸张的鬼脸或者开心、难过、生气的表情，让婴儿认识不同的表情，体验不同的情绪变化。

5. 艺术启蒙类游戏案例

歌谣欣赏

【适宜年龄】 7～9 个月。

【游戏目的】 促进婴儿对音乐节奏的感知，提高婴儿的音乐欣赏能力。

【游戏准备】 地毯，音乐《滑滑梯》。

【游戏玩法】 把婴儿放在大腿上，照护者扶着婴儿的腋下或者拉着婴儿的小手，随着音乐节奏左右摇晃双脚，也可使双脚高低起伏，并在结尾时随着音乐让婴儿从高处滑向低处，也可抱着婴儿向后倒去。

【游戏指导】 注意滑的过程中保护婴儿的安全。

涂涂画画

【适宜年龄】 7～9个月。

【游戏目的】 促进婴儿对颜色的感知，培养绘画的兴趣。

【游戏准备】 蜡笔、纸、适宜的桌椅。

【游戏玩法】 把婴儿放在椅子上，出示纸和蜡笔并向婴儿介绍，示范如何握笔，如何用蜡笔在纸上画出东西，鼓励婴儿自己拿笔画一画、涂一涂。

【游戏指导】 注意防止婴儿把画笔放在自己的嘴里。在婴儿涂画过程中，可以适当进行交流互动，鼓励婴儿，不对婴儿握笔姿势进行标准化要求。婴儿涂画结束后，在其画作上写上日期及婴儿的名字，并妥善保存。

资料链接

爬行的重要性

爬行是婴儿生长发育过程中非常重要的一个环节，是一个具有里程碑意义的行为。

婴幼儿爬行是一种全身性的运动，不仅可以锻炼身体，更有利于促进大脑指挥系统的发育，还可以训练小脑的平衡与反应能力，对以后学习语言和阅读会有良好的作用。因此，家长们千万不要忽视爬行的作用，不要限制宝贝四处爬的自由。

在爬行之初，宝贝们大多都是“倒爬”或“螃蟹爬（往旁边爬）”，有的宝贝则是开足了马力，四肢乱动，但却停在原地不能前进，动作很不协调。这样的“伪爬行”要持续几天至一两个星期。之后宝贝终于能够小胳膊撑地，借助腹部与手臂的力量，往前匍匐了。但是，这种将小肚皮紧紧贴在床面，两条小腿拖在后面不起作用的爬更类似于士兵的匍匐前进，还只是爬的雏形。这种貌似小飞机要起飞的爬行要进行一两个星期。研究表明，腹部贴地爬行的婴幼儿不论其爬行经验的多少，他们的表现和不会爬的婴幼儿相似，其原因可能在于腹部贴地爬行的方式迫使婴幼儿的注意力主要集中在爬行动作本身，婴幼儿难以借此运动方式感知、观察环境，因此腹部贴地爬行给婴幼儿带来的经验是极有限的，对其心理发展的作用也十分微弱。

随着动作越来越娴熟，小家伙开始“爬着玩”了，即用手和脚撑地，小屁股翘得高高的向前爬，很像一只小熊在活动，这就是“手脚爬行”。要知道，从手膝爬行向手脚爬行这一阶段的动作比较难掌握，四肢必须健壮、结实才能够支撑体重，使膝盖离地。更重要的是宝贝在这个阶段能体会到爬行的乐趣，不仅仅是“为爬而爬”，更多的是“为乐而爬”。由此，爬行的重要性便开始体现了。

由于爬行消耗能量较大，宝贝也开始吃得多、睡得好，体重、身高开始增长了。宝贝在会爬后，在父母的引导下获得的成功体验不断增多，并且能够在爬行中获得成功、失败等多种体验。这些体验能够丰富宝贝的情感，同时也在客观上增加了亲子情绪互动的机会。会爬的宝贝不断地用自己的身体探索着周围的世界，许多举动都带有未知性，宝贝的这些学习经验将化为好奇心，使他们勇于探索，并会逐步培养他们未来独立解决问题的能力。

资料来源：宗霞．助爬玩具系统设计之概念产生篇［J］．美与时代（上），2013（3）：116-118.

第四节　10～12 个月婴儿游戏活动设计与指导

12 个月的悦悦听到自己的名字会答应，会喊爸爸、妈妈、爷爷，能听懂一些简单的指令，喜欢给自己脱袜子、脱鞋、脱衣服，听到熟悉的音乐会摇头晃脑、煞有介事地扭动自己的身体，让自己随着音乐动起来，会拍头、拍手。能双手双脚地爬上爬下楼梯，能不扶东西独站几秒，能推着椅子往前移步，会顺着墙或者是桌子往前移步，想要自己拿牙刷刷牙，想要自己洗脸，想要自己拿勺子。如果她的要求没有得到满足会假哭。

提问：如何解读悦悦的这些行为？

10～12个月的婴儿能够扶站移步，在慢慢学习走路，身体的活动范围扩大了，想要去探索的地方也就更多了；肢体动作相比以前来说更灵活了。出现了言语的萌芽，想要表达的欲望更加强烈，亲子依恋关系基本形成。

一、10～12个月婴儿发展概况

（一）动作发展

1. 大动作发展

10个月左右，婴儿爬行的技能越来越熟练，会用四肢爬行且腹部不贴地面。10～12个月的婴儿大动作发展的主要任务是能够学习移步，能够从扶着站起来到扶着站稳，再到扶着迈步甚至能独走几步。10～12个月的婴儿自己能够扶着栏杆从坐姿转变为站姿，又从站姿转变成坐姿，扶物能从站姿到蹲姿并取物，能扶物移步或者独走几步。

2. 精细动作发展

随着月龄的增长，婴儿手眼协调的动作能力有所发展，喜欢用双手去探索世界，开始形成一系列的动作，手成为婴儿认知活动的主要器官。这个时期的婴儿可以用双手配合着拿东西，能够进行倒手的动作，会从大的罐子或者瓶子里面取物放物，可以准确地用拇指和食指或者拇指和中指捏起东西。会经常乐此不疲地扔东西，并示意成人捡起来，再扔掉，好像在玩一个有趣的游戏一样。对小洞特别感兴趣，总想把手伸进去，熟练后还会把东西塞进小洞里，开始通过手上动作探索物与物之间的关系。

（二）认知发展

婴儿的认知发展是依靠感知觉的成熟以及外在操作活动逐渐发展的，该阶段婴儿正处于感知运动阶段的手段与目的的协调阶段，正通过手部动作去探索事物的特殊属性以及事物与事物之间的关系，有意识地使用图式来解决感觉运动问题，如把瓶子里的东西给倒出来。0～12个月的婴儿喜欢看与日常生活相关的图画；能指认身体上的一些器官，例如眼睛、鼻子、嘴巴、耳朵等；能够指认生活中常见的物品，如扫地机器人、饮水机、遥控器等；能听懂简单的指令并且能够正确执行；有一定的记忆能力和理解能力；能用动作表示“欢迎”“再见”“亲亲”等词汇；能通过外表对物品分类；能简单认识三原色；能分辨甜、苦、咸等味道；能分辨臭和香等气味。

（三）语言发展

10～12个月的婴儿能听懂一些词，并能听懂一些指令，如说“拜拜”，他会做出挥手的动作，说“给××飞吻”，他会对着成人所说的对象做出飞吻的动作。能理解一些手势语言；能听懂与自己有关的日常生活指示语言，如问“宝宝的牙刷在哪里呢?”，会看向牙刷或者用手指向牙刷；向婴儿要他手里面的东西时知道给。会用动作表示同意或不同意，要或不要；语言交际功能开始扩展，能通过语音、动作、表情等结合进行交流；通常在12个月左右时，婴儿会说出第一个有意义的单词，这是语言发生的标志。

（四）情感与社会性发展

10～12个月的婴儿情绪情感发展得越来越丰富，会不断地通过表情、动作、声音等表达愉快、高兴、愤怒和悲伤的情绪，会因为没有达到目的而表现出愤怒，会对导致受挫的目标源表示愤怒，会表示出对照护者要求的顺从，会对游戏被中断表示抗议，会对玩偶或填充动物玩具表现出喜爱和照顾之情。对照护者表现出依恋和喜欢，对陌生人表现出忧虑、退缩、拒绝等行为。开始发展幽默感，这个阶段婴儿的笑多由视觉刺激和社会性制激引发。家长要尽量满足婴儿合理的需要，多拥抱、抚摸、亲吻婴儿，给婴儿布置一个整洁舒适的环境，多带他外出，多让他看美好的事物、听令人愉悦的声音等，让他置身于一个适合他身心发展的优美环境，激发他的快乐情绪。

同时随着认知、身体大动作及手部动作的发展，10～12个月婴儿逐渐出现一些有目的性的动作，这种有目的性的动作表现为婴儿开始主动作用于外部世界，开始有目的地探索世界，这种有目的的探索标志着宝宝的自我意识正在逐渐萌芽。他会表现出更强的独立性，如不想被大人抱着，要自己走，想要自己用勺子吃饭，自己用手拿食物独立进餐，自己给自己洗脸，自己刷牙等；能认识自己身体的各个部分，逐渐发展自我认同感。初步具有保护自己物品的意识，不愿意让同龄人摸自己的物品，但是会用动作向别人索取感兴趣的东西。

（五）艺术启蒙

10～12个月，婴儿的小手可以握住东西并摆弄时，涂鸦就可以开始了。涂鸦是自发的行为，是人与生俱来的能力，最初期的涂鸦是婴儿建立动作与动作所带来的“痕迹”之间的联系的过程，婴儿可以不借助任何工具、不用任何材料，仅仅靠小手的动作来涂鸦，在涂鸦中婴儿学习手眼协调配合、学习如何控制动作。

10～12个月，婴儿的艺术活动以欣赏为主，活动形式以歌曲欣赏、涂鸦、律动感知为主，这个阶段的婴儿可以感知一些有节奏感、带有简单动作的手指游戏活动歌谣，可以在手指游戏念唱中、歌谣念唱中发展婴儿的节奏感。

二、10～12个月婴儿玩教具推荐

（一）动作发展类玩教具

10～12个月的婴儿爬行很熟练了，进入学步的准备阶段，可以多训练婴儿的爬行以增加腿部力量，同时用各种玩具吸引婴儿扶站着玩，锻炼婴儿扶站、独站的能力，为行走做好准备工作。这个时期的婴儿精细动作协调性较差，但是喜欢动手操作，可提供多种可进行拼、插、拨、按、拧、拉、敲、打的玩具供婴儿练习。

动作发展类玩教具推荐：彩虹塞塞乐（见图2－35）。

图2－35　彩虹塞塞乐

彩虹塞塞乐集塞、叠、转、拨、拼、敲六种玩法于一身，能促进宝宝的手部精细动作的分化，提高宝宝的动手操作能力，新奇玩法吸引宝宝探索奥秘。缤纷的色彩搭配，创造视觉美感，刺激宝宝的视觉发育和颜色认知。塞的物品上还有形状、颜色、数字、表情、纹理、动物、凹凸等认知元素，内置细小颗粒摇晃时发出悦耳的沙沙声，相互间可进行拼嵌，启发宝宝的多种智能发展，吸引宝宝探索多种玩法。

（二）认知发展类玩教具

认知发展类玩教具推荐：三轨道动物绕珠（见图2－36）。

三轨道动物绕珠三条轨道设计，44颗缤纷绕珠，顺滑易推。首先，丰富的颜色可促进宝宝的颜色认知，构建视觉体系；其次，上面有多个动物头像，动物还有丰富的表情，促进宝宝对动物的认知，丰富宝宝对表情的认知，通过推动绕珠锻炼宝宝的小手抓握能力和手眼协调能力；最后，在推动绕珠通过三根不同的轨道时，宝宝可提高空间感知能力，锻炼大脑立体思维，感受上、下、旋转等空间方位。

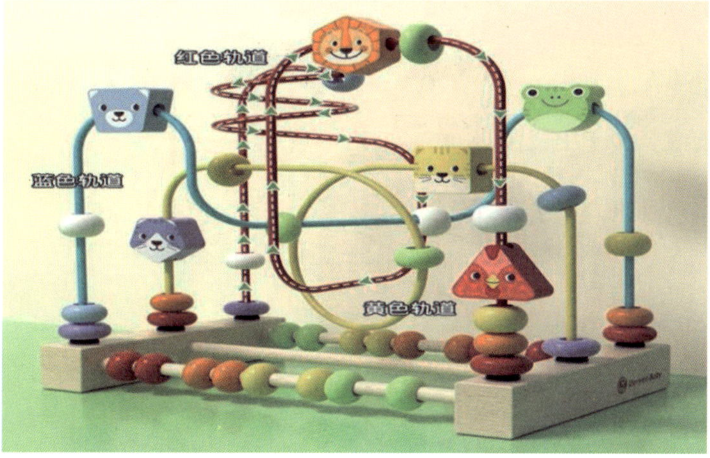

图 2－36　三轨道动物绕珠

（三）语言发展类玩教具

语言发展类玩教具推荐：复读鸭（见图 2－37）。

图 2－37　复读鸭

复读鸭不仅造型可爱，且全身毛茸茸的，很受宝宝喜欢，给宝宝提供了丰富的触感体验。它可以唱歌，一边唱歌还一边跟着节奏扭动身体，丰富宝宝的节奏感知能力；它还有复读功能，能够重复你说的话或者是发出的声音，能跟宝宝有互动，促进宝宝发音的兴趣，也可以让宝宝练习发声。

（四）情感与社会性发展类玩教具

情感与社会性发展类玩教具推荐：真人版情绪认知脸谱（见图 2－38）。

真人版情绪认知脸谱能够帮助宝宝快速识别常见的几种表情，能有效促进宝宝情感与社会性的发展。真人版的脸谱更加形象、直观。

图 2－38　真人版情绪认知脸谱

（五）艺术启蒙类玩教具

艺术启蒙类玩教具推荐：儿童电子琴（见图 2－39）。

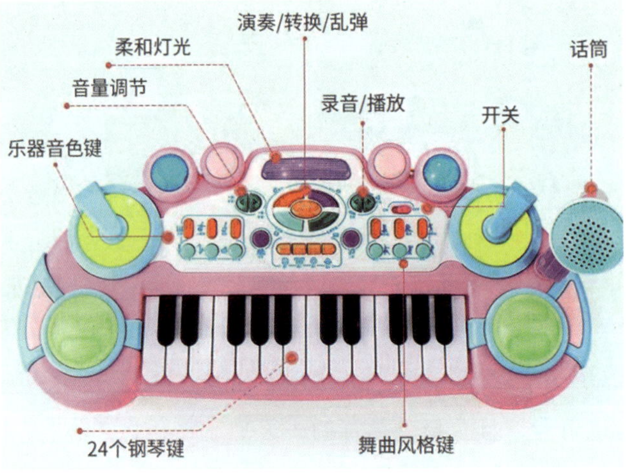

图 2－39　儿童电子琴

儿童电子琴有多种乐器演奏模式，几十种音乐伴奏，还有早教故事、儿童歌曲、动物叫声等。它在满足孩子敲敲打打兴趣的同时，能较好地提升宝宝的音乐审美情趣。

三、10～12 个月婴儿游戏活动设计与指导要点

（一）10～12 个月婴儿游戏活动设计

随着各种动作技能的逐渐熟练，10～12 个月婴儿的活动空间在变大，接触到的人

也更多了，咿咿呀呀地想要表达自己的想法，喜欢与人交流沟通，初步的自我意识正逐步萌芽。在进行10～12个月婴儿游戏设计时，首先要考虑到该月龄段婴儿在动作发展、认知发展、语言发展、情感与社会性发展、艺术启蒙等方面的发展特点，其次在选择游戏内容时应着重选择操作性强的游戏内容，既要符合婴儿的学习特点，又能满足婴儿用手探索世界的需求。要体现出游戏活动的互动性，这种互动性表现为婴儿与照护者之间的有效互动以及婴儿与物之间的互动，婴儿的各种能力发展就是在这两种互动形式中交叉螺旋式上升发展的。在开展游戏活动时形式要丰富，调动婴儿的多感官参与游戏，在游戏过程中要注重对婴儿的语言、表情、动作等进行回应，做好语言、表情、动作等方面的示范，给予婴儿以积极的情感支持，同时在设计时要注重游戏的完整性，做好游戏的准备工作以及游戏结束的整理工作等，把玩具收纳、玩具放回原处等理念贯穿在游戏全过程，初步培养婴儿的自理能力和良好的生活习惯。

（二）10～12个月婴儿游戏活动指导要点

1. 创设良好的游戏环境，提供丰富的游戏材料

良好的环境是孩子发展的基础，在组织进行10～12个月婴儿游戏时，要创设良好的游戏环境。良好的游戏环境包括心理环境和物质环境。在组织游戏时，要创设宽松、愉快的游戏氛围，练习性不要过强，以游戏性为主。同时创设干净整洁和材料丰富的物质环境。可挖掘生活中常见的物品作为游戏材料，利用身边的物品和材料开展游戏活动，使材料种类丰富且符合婴儿的生活经验，丰富婴儿的游戏情节，激发婴儿参与游戏的积极性，有效提高婴儿游戏的质量和水平。如落地窗帘可以用来和婴儿玩躲猫猫；沙发靠垫可以用来玩爬过障碍物的游戏；茶杯垫可以用来玩配对或者滚来滚去的游戏；婴儿能够得着的箱子、柜子、凳子，可以用来玩敲鼓的游戏，培养婴儿的节奏感，还可以玩爬上爬下的游戏，锻炼婴儿动作协调性，培养婴儿方位感和对家具布局的熟悉感。电视柜、茶几的小抽屉，可以用来玩打开、关上，再打开、再关上的游戏，帮助婴儿探索空间；婴儿可以通过敲击不同质地的锅碗瓢盆，锻炼双手的协调性，感知不同材质物品发出的不同声音。

2. 以动作发展训练为主

在10～12个月阶段，婴儿开始学习迈步，活动范围增大，探索欲望也逐渐增强，需强化婴儿的多样化爬行和迈步训练，帮助婴儿发展下肢力量，逐渐掌握自主移步技能。同时在该时期，手开始成为婴儿认识世界、探索世界的主要工具，开始出现有意识动作，需加强该时期婴儿的精细动作训练，强化手部动作，使动作越来越灵活，两手的稳定性、配合能力能得到提高和发展。

3. 认知发展活动在生活中进行

10～12个月的婴儿正处于感知运动阶段，动作和感知觉是主要的发展任务，婴儿最先感知的就是生活中的人、物、事，所以婴儿的认知发展活动也应该以生活中的人、

物、事为主，以生活为认知起点，在生活中发展，在生活中提高。如认识生活中常见物品的名称、常见物品的功能；感受物品的颜色、形状、质地；理解事物与事物之间的关系；认识不同的颜色；认识自己的身体部位等。在开展认知游戏时形式要丰富，调动婴儿多感官参与认知，促进婴儿感觉器官统合发展。例如引导婴儿通过摸一摸、看一看、闻一闻、尝一尝、敲一敲的方式认识生活中的常见物品。

4. 在交流互动在刺激语言发展

该阶段的婴儿对语言的理解能力有了较大的提高，能够理解成人的一部分手势语言，能听懂成人的一些语言口令了。自主性也有了极大的提高，婴儿想要和人交流的愿望比较强烈，会模仿成人发出的一些声音，跟成人有语言上的交流，在交流中也会通过表情、动作、声音等表达自己的意愿。该阶段应注重在跟婴儿的语言交流互动中激发婴儿的表达欲望，给婴儿语言练习的机会，提供正确的发音示范，对婴儿发出的表情、动作、声音等交流信息要有回应。

（三）10 ～ 12 个月婴儿游戏活动案例

1. 动作发展类游戏案例

扶墙取物

【适宜年龄】 10 ～ 12 个月。

【游戏目的】 增强婴儿的身体控制能力、平衡能力、协调能力。

【游戏准备】 海洋球、小玩偶、积木、胶带、物品筐。

【游戏玩法】 用胶带将海洋球、小玩偶、积木等粘贴在墙上，引导婴儿站起来，扶着墙取物，扶着墙移步，伸手够玩具，把胶带上的物品取下来放在物品筐中。

【注意事项】 准备粘贴的物品不宜过大，要方便婴儿一手抓握，粘贴时注意物品与物品之间的距离可越来越大，让婴儿有更长的距离练习移步，在取物过程中也可引导婴儿独站，鼓励婴儿移步。粘贴物品的高度也可有高有低，锻炼婴儿蹲下与站起。每次游戏用时 5 ～ 10 分钟，可为婴儿选择适合行走的鞋子。

倒出来，装进去

【适宜年龄】 10～12个月。

【游戏目的】 培养婴儿的手眼协调，发展婴儿的注意力和手指的灵活性。

【游戏准备】 地垫、积木若干、玩具收纳筐1个。

【游戏玩法】 首先照护者当着婴儿的面把积木从玩具收纳筐中全部倒出来，再把积木捡起来装进收纳筐里面去，在做相应动作时要说出对应的语言，如“把积木全部倒出来”“把积木装进筐里面”。第二遍时邀请婴儿把积木从筐里面倒出来，并说出对应语言“倒出来咯，倒出来咯”，和婴儿一起把积木捡进筐里面去，一边捡一边说“让我们把它装进去吧”“装进去装进去”。还可以和婴儿一起把柔软的玩偶放进篮子里，把玩具汽车装进收纳箱里，把布娃娃的衣服放进衣袋里等，这些都可进行“倒出来，装进去”的游戏。

【游戏指导】 不要选择太小的玩具，以防婴儿误入口中，发生伤害事故；在进行游戏时一定要注意动作与简短的语言进行匹配，发展婴儿的语言表达能力。婴儿在进行游戏时，周围环境尽量干净整洁、安静有序，避免分散婴儿的注意力。

2. 认知发展类游戏案例

百变魔方

【适宜年龄】 10～12个月。

【游戏目的】 发展婴儿对图片的观察力，培养婴儿的记忆能力，锻炼婴儿的认知能力。

【游戏准备】 正方形的空纸盒，认知物品卡片。

【游戏玩法】 将认知物品卡片贴在空纸盒的六个面上，照护者把正方形盒子拿给婴儿，让婴儿随意地转动、欣赏。每当婴儿转到一个画面时，照护者就告诉婴儿：“这是一个杯子”“这是一个苹果”“这是一辆消防车”……在婴儿熟悉画面后，照护者可训练婴儿听指令找画面。比如照护者说：“消防车在哪里?”就要求婴儿把有消防车的那一个面转过来，看一看，如果婴儿能很快地把消防车画面翻转出来，应对婴儿予以鼓励，并逐渐加快速度，可根据婴儿的游戏状态更换认知卡片。

【游戏指导】 画的内容可以是婴儿感兴趣的任何东西，如花草、鸟兽、交通工具、家中亲人的照片。在说出卡片上的物品、人物名称时可以多重复几次，引导婴儿模仿发音。尽量让婴儿自己转动六面盒，提高婴儿双手的配合度和灵活性。

球球在哪里

【适宜年龄】 10～12个月。

【游戏目的】 培养婴儿的专注力、观察力、思维能力和空间逻辑能力。

【游戏准备】 小球，三个杯子。

【游戏玩法】 把小球出示给婴儿看，告诉婴儿："这是一个小球，现在我们要把小球藏在我们的手里面，认真看，小球藏在哪里？"一边说，一边当着婴儿的面把小球在两只手里面来回倒，把球放在一只手里面并询问婴儿球在哪只手里面呀，用小手指出来，多玩两次，让婴儿熟悉这个游戏后再出示两个杯子，把球藏在一个杯子下面，来回调换杯子的位置，让婴儿找一找小球在哪里，当婴儿能比较熟练找到小球后再增加杯子，来回调换位置后让婴儿找出小球来。

【游戏指导】 当婴儿找小球错误时，可以将动作放慢，在游戏中可适当地给予婴儿鼓励。

3. 语言发展类游戏案例

童谣《小老鼠》

【适宜年龄】 10～12个月。

【游戏目的】 学说童谣，用肢体动作表演童谣；体验作品的诙谐。

【游戏准备】 小老鼠、小猫玩具。

【游戏玩法】 照护者手拿木偶玩具小老鼠、小猫，引起婴儿指认的兴趣。“宝宝，这是谁呀？”“跟小老鼠打个招呼，说小老鼠你好，你好。”“小老鼠，怎么叫？”“小老鼠，吱吱吱，吱吱吱。”“宝宝，这是谁呀？”“跟小花猫打个招呼，说小猫你好，你好。”“小猫，怎么叫？”“小猫小猫，喵喵喵，喵喵喵。”鼓励婴儿模仿动物叫声。照护者手上拿着玩偶，讲述小老鼠上灯台的简单故事情节，帮助婴儿理解童谣的内容。接着照护者一边念童谣，一边示范手部动作，“小老鼠（食指对碰做小老鼠“吱吱”状），上灯台（双手拇指交替叠放爬高），偷油吃（两只手做吃东西状），下不来（摆动双手），喵喵喵，猫来了（五指分开在脸颊处做小猫状），叽里咕噜滚下来（双手绕圈从上往下滚下来）。”引导婴儿一起多次念唱儿歌。

【游戏指导】 在念唱时放慢速度，嘴型夸张一些，鼓励婴儿进行模仿学习，可反复练习，每次练习时间5～10分钟。

我的家人

【适宜年龄】 10～12个月。

【游戏目的】 能认出照片中的家人，能听懂指令，能简单模仿发声。

【游戏准备】 家人照片。

【游戏玩法】 将婴儿抱在怀里面，一张一张地出示照片，问婴儿：“宝宝你看，这是照片，照片上是谁呀？”“这是妈妈，妈妈。”照护者在说家人称呼时可以慢一些，看向婴儿，让婴儿能看到你的嘴型并鼓励婴儿模仿，然后指着照片继续说：“这是妈妈的眼睛，这是妈妈的耳朵，这是妈妈的鼻子，这是妈妈的嘴巴，这是妈妈的头发。”继续出示照片进行询问："宝宝你看，照片上的是谁呀？""这是奶奶，奶奶，奶奶。"依次重复，认识完了以后可以把照片摆在一起，让婴儿找一找爸爸的照片在哪里，妈妈的照片在哪里。

【游戏指导】 在操作前应对照片进行消毒处理，注意不要让婴儿把照片含放在嘴巴里面，照片上的人应为婴儿常见的照护者。照片5张左右，每次练习时间以5～10分钟为宜。

4. 情感与社会性发展类游戏案例

照顾玩偶

【适宜年龄】 10～12个月。

【游戏目的】 帮助婴儿延伸出对玩偶的照顾和喜爱之情，对玩偶产生亲社会行为。

【游戏准备】 玩偶、毛巾、勺子、牙刷等。

【游戏玩法】 给玩偶取一个好听的名字，向婴儿介绍玩偶，给婴儿创设游戏情境。告诉婴儿，玩偶睡觉，现在天亮了，我们要叫他起床、刷牙、洗脸、吃饭。给婴儿示范如何叫玩偶起床，如何给玩具刷牙、洗脸，如何用勺子喂玩偶吃东西。然后再通过语言指导婴儿自己来照顾玩偶。

挥手说你好，挥手说拜拜

【适宜年龄】10～12个月。

【游戏目的】帮助婴儿学习运用一些人际交往礼仪，掌握一些人际交往的手势。

【游戏准备】玩偶熊。

【游戏玩法】出示玩偶熊，“宝宝你看，这是熊宝宝，跟它打个招呼吧”，照护者示范，一边跟小熊挥手一边说“嗨，熊宝宝你好”，鼓励婴儿模仿。“宝宝，熊宝宝想和你握握手，来我们和熊宝宝握握手”，“握握手，你好你好，握握手，好朋友”，“熊宝宝要和我们说拜拜了”，用玩偶熊挥手并说拜拜，鼓励婴儿挥手说“拜拜”。

【游戏指导】玩偶熊可以更换成其他的小玩具，要把“挥手说你好，挥手说拜拜”运用到真实的生活场景中来，培养婴儿与人交往的技能。

5. 艺术启蒙类游戏案例

听音乐摇手铃

【适宜年龄】10～12个月。

【游戏目的】促进婴儿对音乐节奏的感知，提高婴儿的抓握能力，培养婴儿的倾听能力和审美能力。

【游戏准备】节奏鲜明的音乐、地毯、手铃。

【游戏方法】让宝宝坐在地毯上，双手拿着手铃，照护者播放音乐，双手拿着手铃跟着音乐节奏摇动手铃，引导婴儿跟着音乐节奏摇动手铃，播放第二遍时可引导婴儿将手中的手铃进行对击发出声响，也可跟随音乐节奏用自己的手铃去敲击婴儿的手铃，并引导婴儿主动敲击照护者的手铃。

【游戏指导】可多准备几首不同节奏型的音乐进行，每次游戏5～10分钟，音乐声音不可过大，以免对婴儿的听力造成损伤；在活动中照护者可以跟唱，并引导婴儿用不同的方式跟上音乐节拍。还可以根据家中的条件随机更换手铃为小鼓、装豆子的塑料瓶、积木块等，探索用不同的物品创造出音乐。

好玩的超轻粘土

【适宜年龄】 10～12 个月。

【游戏目的】 提高婴儿的小手精细动作，提升婴儿的艺术审美。

【游戏准备】 超轻粘土，与婴儿身高匹配的桌椅、托盘。

【游戏玩法】 让婴儿坐在椅子上，拿出超轻粘土向婴儿介绍，然后给婴儿示范如何打开超轻粘土，搓超轻粘土，搓成小鸡蛋、面条、肉饼、汤圆。

【游戏指导】 示范时语言和动作都尽量慢一些，并悄悄观察婴儿的反应，同一个东西应该重复做几次，玩完应引导婴儿一起收拾桌面，并洗净双手。

本章小结

0～1 岁是婴幼儿教育的开端，本章从 0～3 个月、4～6 个月、7～9 个月、10～12 个月几个不同的阶段出发，围绕动作、认知、语言、情感与社会性、艺术启蒙几个方面论述 0～1 岁婴儿发展概况，并对不同阶段婴儿的玩具进行推荐，阐述游戏活动设计与指导要点，同时结合具体的游戏案例、不同阶段婴儿发展情况，帮助从业者更好地设计指导 0～1 岁婴儿游戏，促进其身心全面发展。

同步练习（赛证热点）

一、选择题

1. 婴儿（　　）时能够比较稳定地注视某一物体，但持续的时间很短。

A. 1～2 个月　　B. 2～3 个月

C. 3～4 个月　　D. 5～6 个月

2. 4～6 个月的婴儿，（　　）更加发展，更加偏爱有意义的物象，如喜欢注视母亲以及喜欢的食物或玩具。

A. 听觉注意　　B. 味觉注意

C. 视觉注意　　D. 有意注意

3. 婴儿在（　　）时就能开始伸手抓物了。

A. 1 个月　　B. 2 个月

C. 3 个月　　D. 5 个月

4.（　　）的婴儿能够察觉他人情绪表达的含义。

A. 4～6 个月　　B. 7～9 个月

C. 10～12 个月　　D. 13～15 个月

5. "认识水果"活动是哪个领域的活动？（　　）

A. 动作发展　　B. 认知发展

C. 艺术发展　　D. 情感与社会性

6.（　　）的婴儿的笑多由视觉刺激和社会性制激引发。

A. 4～6 个月　　B. 10～12 个月

C. 10～12 个月　　D. 13～15 个月

7. 以下不是 10～12 个月婴儿情绪情感发展的表现的是（　　）。

A. 因没有达到目的而表现出愤怒

B. 表示出对看护者要求的顺从

C. 对玩偶或填充动物玩具表现出喜爱和照顾之情

D. 表现出自我意识的情绪，如惭愧、内疚和害羞

二、判断题

1. 婴儿 4 个月可以识别人与物，6 个月能够区别生熟人。（　　）

2. 4～6 个月是婴儿穿、二指捏、套叠、旋转、镶嵌的动作发展时期。（　　）

3. 婴幼儿精细动作练习要注重训练的过程对大脑的作用，不要过分追求技能的结果。（　　）

4. 婴幼儿双手精细动作是智慧发展的基础，通过看一看、摸一摸、闻一闻、咬一咬、敲一敲、动一动等方式来认识和了解事物。（　　）

三、简答题

1. 为 4 ～ 6 个月婴儿选择玩具时的注意事项有哪些？
2. 简述 7 ～ 9 个月婴幼儿游戏活动的指导要点。

四、思考题

创编 4 ～ 6 个月婴儿大动作发展活动游戏的指导方案。

第三章 1～2岁幼儿游戏活动设计与指导

- 1～2岁幼儿游戏活动设计与指导
  - 第一节　13～15个月幼儿游戏活动设计与指导
    - 13～15个月幼儿发展概况
    - 13～15个月幼儿玩教具推荐
    - 13～15个月幼儿游戏活动设计与指导要点
  - 第二节　16～18个月幼儿游戏活动设计与指导
    - 16～18个月幼儿发展概况
    - 16～18个月幼儿玩教具推荐
    - 16～18个月幼儿游戏活动设计与指导要点
  - 第三节　19～21个月幼儿游戏活动设计与指导
    - 19～21个月幼儿发展概况
    - 19～21个月幼儿玩教具推荐
    - 19～21个月幼儿游戏活动设计与指导要点
  - 第四节　22～24个月幼儿游戏活动设计与指导
    - 22～24个月幼儿发展概况
    - 22～24个月幼儿玩教具推荐
    - 22～24个月幼儿游戏活动设计与指导要点

学习目标

知识目标：

理解并掌握1～2岁幼儿游戏的设计要点和指导要点。

能力目标：

能够根据1～2岁幼儿身心发展的特点设计相应的游戏，并能根据幼儿在游戏中的表现进行适当的引导。

素质目标：

在分析问题和解决问题中，形成科学的幼儿游戏观。

课前导入

15个月的青青还不能独立行走，平时主要由奶奶照顾，小区里的花园是他们的活动区域之一，在这里有好几位与青青差不多大的小宝贝。最近，青青奶奶抱着青青在花园里玩时，听13个月的东东奶奶说给东东在早教机构报了名，青青奶奶觉得不可思议，这么小的孩子能学什么呢？

有一天，青青奶奶又带青青在小区花园里玩时，看到东东竟然可以独立行走了。通过聊天知道，原来是早期教育机构会根据幼儿的发展情况有针对性地设计游戏活动，让幼儿在游戏中提高各方面的能力。于是青青奶奶回到家后便把自己的所见所闻告诉了青青爸爸妈妈，三人商量是否有必要也把青青送去早教机构。

提问：如果你是早教机构或托育机构的一名老师，你会如何向青青家人介绍机构开展婴幼儿游戏的依据呢？这些游戏对婴幼儿的成长又有哪些意义呢？你会为青青设计哪些游戏，以及在游戏中如何进行指导呢？

第一节　13～15个月幼儿游戏活动设计与指导

13个月的佳佳已经能够独立行走了，兴奋时连蹦带跳，在成人的帮助下能尝试自己用勺子吃饭，能用手准确指出自己的眼、耳、鼻、口、眉，会喊爸爸、妈妈、爷爷、奶奶，喜欢说单音重叠的词，如饭饭、车车等。

提问：假如你是一名托育从业者，面对佳佳这样的孩子，你会在设计游戏时如何应对她的这一情况？

一、13～15个月幼儿发展概况

熟悉并把握13～15个月幼儿动作、认知、语言、情感与社会性、艺术五个方面的发展特点，是开展该年龄段游戏活动的前提和基础。

（一）动作发展

1. 大动作发展

该时期的幼儿处于学步初期，从独立站起来到会独立行走，行走的动作还不够自如、协调，肌肉较为紧张，步幅也小。如果成人扶着会走得很快，兴奋时连蹦带跳，无成人扶着时，走路缓慢而不均匀，身体也会出现晃动。这时，也能不扶东西蹲下，会爬台阶，能拉着教养者的手或者扶栏杆上下楼梯1～2级台阶。会模仿着做操，双臂能随大人的口令上下运动；能推车前进和转弯，能侧身走和后退走，开始模仿跑步；随着节奏手舞足蹈地扭动身体。

2. 精细动作发展

该时期的幼儿能垒高积木3～4块，会玩套塔，能穿珠子，在成人的帮助下会自己用勺子吃饭；喜欢用笔和纸涂涂画画，可以较快地画出连续的线条；可以将笔插入笔筒；能将散落的珠子放入碗中；能拧开瓶盖和盖瓶盖；吃橘子会剥皮；“扔东西”是该阶段幼儿最喜欢的游戏之一。

（二）认知发展

能从杂色的物品中挑出红色；能指认生活中常见的物品并说出名称；能用手准确指出自己的眼、耳、鼻、口、眉；能配对两到三对相同的物品；能根据声音寻找相应的物品；知道烫的东西不能摸。

（三）语言发展

发音方面，这一阶段的幼儿发出的音都比较简单也较常用，比如能称呼爸爸、妈妈、爷爷、奶奶等常见的家人，喜欢说单音重叠的词，如饭饭、车车等；能模仿三四种动物的叫声；常常会用一个词去表达各种不同的意思，如：当宝宝说“嘟嘟”时，可能是表示“汽车开过来了”，也可能是“我要汽车”，等等。

该阶段的幼儿虽然发出的音较少，但理解的词比说出的词要多得多，能理解爸爸妈妈的简单指令，当别人叫自己的名字时也有反应。

（四）情感与社会性发展

这时的幼儿发展了新情绪，比如嫉妒、沮丧等。当妈妈抱其他小朋友时，会生气或哭泣并冲到妈妈怀里，表现出嫉妒、不愿分享的心理。淘气时会观察母亲的脸色[①]。

在社会性方面，与人交往时，对生人表现出害怕和担心，要求随时能看到父母和照料者；愿意和小朋友一起玩，会把玩具给别人，但更多的时候是与别人争玩具；大人说“不行”时，会故意去做；有同情心，会哄哄娃娃（喂饭、盖被）。

在自我服务方面，会脱袜子，尝试自己拿勺子吃饭。

（五）艺术启蒙

喜欢看色彩图片、鲜花、彩纸等颜色鲜艳的物品，对红颜色情有独钟；听见乐曲时四肢会乱动或安静，表现出愉快的神情。

二、13～15个月幼儿玩教具推荐

13～15个月的幼儿对世界充满探索兴趣，此阶段也是幼儿身体发展和认知发展最为迅速的阶段，他们不管是在动作、语言、社会交往等方面都有了很大进步。因此，教养者应该抓住这一时机，依据13～15个月幼儿身心发展情况，通过一些玩教具帮助训

---

① 王书荃，罗静，思惜. 0～3岁婴幼儿早期教育指南［M］. 北京：中国妇女出版社，2020.

练幼儿运动、认知、语言、社交、艺术等各方面的能力。

（一）动作发展类玩教具

13～15个月的幼儿逐步从蹒跚学步到能较长距离行走，身体能力和控制能力逐渐增强，甚至可以按照成人指定的方向行走和转向。因此，在大动作方面，教养者可以提供一些动物形象的推拖车玩具，还可以是载物的交通工具类推车，满足幼儿兴趣的同时，在拖、拉、推、行走过程中发展大动作[①]，如图3－1、图3－2所示。

图3－1　拖拉玩具

图3－2　推车

该时期的幼儿已经从大把抓逐渐发展到用两个或三个指头捏取不同大小的物品，可以用送豆宝宝回家、挤海绵等游戏来锻炼幼儿的精细动作。

（二）认知发展类玩教具

利用扭扭球（见图3－3）、套盒（见图3－4）、套圈等多种颜色、多种主题的结构材料，或者结合生活中常见物品让该阶段幼儿进行观察、比较，在观察、比较、寻找的过程中帮助幼儿获得并强化对颜色、形状、几何形状的认识。

图3－3　扭扭球

图3－4　套盒

（三）语言发展类玩教具

听觉是语言发展的基础之一。幼儿要储备足够的听觉信息，才能更好地促进语言的

① 曹中平.0～3岁婴幼儿玩具与游戏［M］.长沙：湖南教育出版社，2021.

发展。可以用朗朗上口的童谣、有趣的绘本故事，激发幼儿听的兴趣。

布艺书（见图3-5）、立体书（见图3-6）等给予幼儿不同的阅读体验，不仅有助于培养幼儿的阅读兴趣，满足幼儿的好奇心，促进其健康品格的发展，更能提高幼儿的探索能力、审美能力和语言表达能力。

图3-5 布艺书

图3-6 立体书

（四）情感与社会性发展类游戏玩教具

该时期的幼儿，非常在意别人拥抱或接触自己的妈妈、爸爸。如果看到妈妈拥抱其他小朋友，他会大叫着往妈妈怀里钻，主要是因为此时的幼儿还没有分享的概念，认为妈妈是他一个人的。所以，这一阶段，可以多与其进行角色游戏，借助毛绒玩具、仿真娃娃（见图3-7）、奶瓶（见图3-8）等生活角色玩具，让幼儿模仿教养者的行为，给娃娃喂奶、盖被子等，在游戏中感受关心他人、分享等情感以及生活的乐趣，促进情绪情感的发展，同时提高社会交往能力。

图3-7 仿真娃娃

图3-8 奶瓶

（五）艺术启蒙类玩教具

该时期的幼儿对颜色、音乐节奏均已表现出初步的兴趣，八音琴（见图3-9）、手拍铃鼓（见图3-10）等音乐玩具，具有一定的操作性，幼儿在操作的过程中感受声音和节奏，锻炼幼儿的手眼协调能力、颜色认知能力，尤其是听觉辨音能力，培养音乐演奏能力。

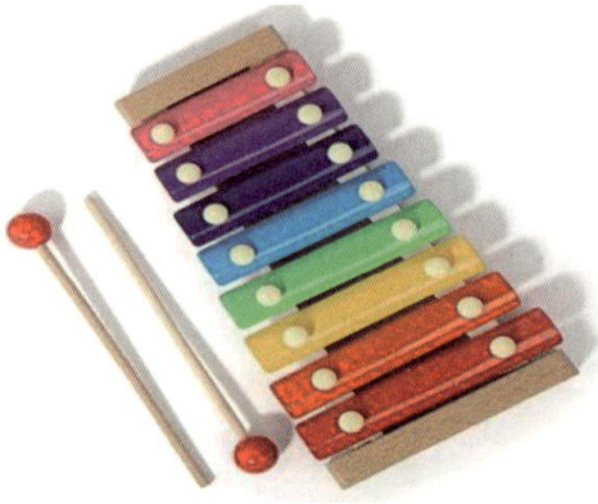

图 3－9　八音琴

图 3－10　手拍铃鼓

三、13～15个月幼儿游戏活动设计与指导要点

（一）13～15个月幼儿游戏活动设计

13～15个月幼儿游戏设计的目标、实施过程、环境创设均需要根据该年龄段幼儿的发展水平来制定，只有这样才能保证游戏的安全与适宜。

1. 13～15个月幼儿游戏目标设计

结合此阶段幼儿发展概况，13～15个月幼儿游戏活动目标可以围绕以下方面制定：

（1）促进身心的全面发展。

13～15个月的幼儿在动作、认知、语言、情感与社会性、艺术等方面的发展较12个月之前速度稍微减缓，但随着年龄的增长，他们在各方面的发展逐渐加深，各方面的联系也逐渐加强。比如，随着语言的逐步发展，喜欢与人交往，并愿意模仿学习，在此过程中提高了自身的认知能力。因此，教养者在为该年龄段的幼儿设计游戏时，需要将促进身心的全面发展作为目标。

（2）促进动作方面的发展。

13～15个月的幼儿有了行走的意识，开始从独立站立到独立行走，想摆脱成人帮扶的意愿也逐渐增强，但行走的动作还不够自如、协调，肌肉较为紧张，步幅也小。而由于13～15个月正是幼儿行走的敏感期，大动作的发展也能有效地锻炼腿部力量，促进身体的平衡性及空间知觉的发展，因此教养者要注意设计大动作发展方面的游戏，在游戏中逐渐放手，创设安全、有趣的情境，激发其行走的乐趣，帮助其树立行走的信心。在精细动作方面，13～15个月的幼儿手指灵活性进一步增强，会握笔、会玩套塔等，因此，教养者还可以多设计有利于手部动作发展的游戏，帮助幼儿进一步提高手及手指的灵活性程度。

（3）提升认知能力。

13～15个月的幼儿具有了初步的“类别”意识，比如：根据颜色进行分类，根据物品的功能和属性进行归类和使用等。所以，分类游戏、看一看、找一找等玩具材料，能调动多种感官的共同参与，提高感知觉的综合发展。

（4）促进语言理解能力的发展。

在出生后的1年的时间里，幼儿已经做好了充足的言语准备，不仅能模仿发音还能听懂成人简单的言语，并有了发展言语交际的倾向。但其言语发展特点是理解的词比会说的多，且在时间顺序上理解也先于说，所以，教养者可以设计一些以听为主的游戏，辅以身体动作、面部表情等帮助幼儿理解。

（5）促进积极情绪情感和社会性的发展。

13～15个月的幼儿出现了嫉妒、沮丧的情绪情感，突出表现看到妈妈拥抱其他小朋友，会特别烦躁、大喊大叫，这也是因为此时的幼儿还没有分享的概念，认为妈妈是他一个人的。所以，这一阶段，教养者可以多与其进行角色游戏，比如，给娃娃喂奶、盖被子等，在游戏中发展积极的情绪情感。

（6）促进艺术方面的发展。

13～15个月的幼儿对鲜艳的物品特别感兴趣，喜欢听欢快的音乐，所以教养者在设计艺术启蒙游戏时，可以选择颜色鲜艳的图片、旋律欢快的音乐，促进艺术方面的启蒙。

2. 13～15个月幼儿游戏环境创设

13～15个月的幼儿开始有了自我意识，对世界充满了好奇心、探索欲。该时期的幼儿为了扩大自己的认知范围，会尝试摆脱成人的帮助去爬高爬低、抛扔玩具、三步并作两步走等，随之而来的是摔跤、跌落、划伤、误食等意外伤害。因此，教养者在创设环境时，务必把安全性原则作为重中之重，以支持其在温馨舒适、充满安全感的环境中进行探索。

（二）13～15个月幼儿游戏活动指导要点[①]

1. 发挥家长的重要作用

这个时期的幼儿更多的是与父母相处，生活的场所也是在家里，所以家长在幼儿的游戏中起着重要的作用。但是，在幼儿的游戏中，大部分家长不知道自己所扮演的角色，也不知道自己要做什么、该做什么，导致在玩具的提供、游戏的层级与价值、游戏的指导等方面出现许多问题，因此，家长可通过读相关书籍或者请专业人员示范、讲解，来理解幼儿的行为，从而更好地与幼儿进行游戏、互动。

2. 提供适当的重复机会

幼儿最早出现的游戏便是练习性游戏，也叫感觉运动游戏，在游戏过程中，游戏不存在任何象征性，也没有什么特殊的游戏方法，它只是幼儿为了获得某种愉快的体验而单纯重复某种活动或动作，以抓、握、扔为主。在13～15个月依然很突出，给他们提供适当的重复机会对其发展有很大价值。所以教养者要关注幼儿的这一发展需求，尽可能地提供适合的机会，不因游戏的无聊而强制制止。

比如，14个月的苗苗坐在沙发上玩弹跳球，一不小心，球掉落在了地上弹跳几下后滚到了对面的桌子下，苗苗爬下沙发，钻到桌子下捡起弹跳球后爬上沙发，再次将球丢

① 张新华.0～3岁婴幼儿游戏设计与指导[M].镇江：江苏大学出版社，2021：124-125.

在了地上，并重复以上动作数十分钟，整个过程都开心地笑着。对于这样的行为，教养者要给予支持，并在过程中关注幼儿其他行为，全面了解幼儿的发展需求。

3. 注重引导开口说话

13～15个月的幼儿经过了一年的语言储备期，逐渐开始说话，进入真正的语言发展阶段，能听懂成人说的日常生活用语，也能够根据这些语言做出相应的行为反应。但是，他们说出的词以单音重叠的词为主，这一阶段更多的是在听成人说，以便进行词汇的储备。所以，教养者要注意丰富幼儿的词汇量，以能够加强幼儿语言理解能力的游戏为主，并抓住各种机会引导幼儿开口说话。比如，游戏过程中教养者要主动发起对话："宝宝，你看这是什么呀？"创造与幼儿交流的机会，引导并鼓励幼儿发声。

在游戏的过程中，教养者还要注意应以平等者的姿态对待幼儿，姿态放低，语速放慢，面对面交流，以便促进幼儿对语言的理解。

（三）13～15个月幼儿游戏案例

1. 动作发展类游戏案例

推拉玩具行走

【适宜年龄】13～15个月。

【游戏目的】锻炼幼儿下肢大动作及身体的灵活性。

【游戏准备】各种卡通形象并能发出声响的推拉玩具，宽阔平整的场地。

【游戏玩法】教养者在前推拉玩具走，引导幼儿在后面追；或者教养者和幼儿互换角色，幼儿在前推拉玩具，教养者在后面追。

【游戏指导】教养者要注意创造游戏情境，激发幼儿对走路的兴趣，并根据幼儿走路的速度牵拉或追赶，以免造成幼儿因紧张而跌倒。

上楼梯取物

【适宜年龄】13～15个月。

【游戏目的】锻炼幼儿下肢动作，提高上下楼梯的能力。

【游戏准备】 坡度较缓的带有扶手的楼梯、各种小玩具若干个。

【游戏玩法】 用玩具引导幼儿练习上楼梯。教养者将各种小玩具散落在第2、第3级台阶上，教养者跟在幼儿后面保护，让幼儿自己上，刚开始可让幼儿上两个台阶便把他抱下来，再重复练习，熟练后可以再增加上的台阶级数。

【游戏指导】 教养者注意做好游戏过程中的保护措施，也可以在楼梯上铺上毛毯，防止幼儿因摔倒造成磕碰伤。

2. 认知发展类游戏案例

认五官

【适宜年龄】 13～15个月。

【游戏目的】 知道五官的名称，提高反应速度。

【游戏准备】 轻松愉快的环境。

【游戏玩法】 教养者与幼儿面对面而坐，说："鼻子鼻子在哪里？我的鼻子在这里。宝宝的鼻子在哪里？"边说边做动作。幼儿做出正确的回应后，教养者以拥抱作为奖励，激发幼儿持续玩的兴趣。

【游戏指导】 教养者语速放慢，给予幼儿反应的时间，若幼儿无法准确指出器官，教养者需重复说。

听指令，取物品

【适宜年龄】13～15个月。

【游戏目的】培养幼儿的自我控制意识，强化对生活中常见物品的认识。

【游戏准备】衣服、毛巾、袜子等生活物品或各种玩具。

【游戏玩法】教养者和幼儿面对面而坐，首次游戏时，教养者边说物品的名称边把物品递至幼儿手中，然后鼓励幼儿把玩具还给教养者。再次游戏时，教养者和幼儿面对面，可以将物品放置在两人中间，教养者说“请宝宝把勺子拿给我”。这一动作结束后，如果在教养者没有再次发出指令之前幼儿动了，教养者可以握住幼儿的小手说“不能动”，或做出摇头的动作。

【游戏指导】幼儿语言理解能力较弱，教养者在说话的时候可以配以动作或表情，帮助幼儿理解。另外，在自我控制能力的培养上要有耐心，切勿操之过急。

3. 语言发展类游戏案例

模仿乐器声

【适宜年龄】13～15个月。

【游戏目的】引导模仿乐器声音。

【游戏准备】玩具小锣、小号、喇叭等。

【游戏玩法】教养者与幼儿面对面而坐，教养者手拿任一乐器玩具，边说边做出相应的吹、打动作：“打起我的小鼓，咚、咚、咚”“敲起我的小锣，当、当、当”“吹起我的小号，哒、哒、哒”等。每种乐器重复两遍，逗引幼儿模仿乐器声音。

【游戏指导】教养者的每句话句式要工整，语速要慢。刚开始幼儿无法完成时，教养者要带领幼儿一起说，待其能独立说出后采用接说的方式，激发幼儿说的乐趣。

找一找　说一说

【适宜年龄】 13～15 个月。

【游戏目的】 认识几种水果，并尝试说出水果的名称。

【游戏准备】 苹果、香蕉、梨、西瓜等几种水果。

【游戏玩法】 教养者与幼儿面对面而坐，将几种水果放在教养者和幼儿中间，教养者一边拿水果一边说："我想吃苹果，请宝宝把苹果拿给我。"当幼儿将水果递给教养者时，教养者可以发问："这是什么？"引导幼儿发音。

【游戏指导】 首次游戏时，教养者可以帮助幼儿强化对水果的认识，当幼儿无法正确发音时，教养者重复水果的名字，语速缓慢，发音清晰，声音温柔。

4. 情感与社会性发展类游戏案例

爸爸妈妈去上班

【适宜年龄】 13～15 个月。

【游戏目的】 听懂并完成教养者的指令。

【游戏准备】 爸爸妈妈的鞋子、包、钥匙、手机等。

【游戏玩法】 妈妈去上班时轻声对幼儿说："妈妈要去上班了，请宝宝把妈妈的鞋子拿来，请宝宝把妈妈的手机拿来，请宝宝把妈妈的包拿来……"幼儿每完成一个指令，妈妈要及时表达感谢，游戏结束时与幼儿一起把物品归位摆放。

【游戏指导】 幼儿在游戏中可能会同时拿取两件物品，这时教养者不要直接否定幼儿的行为，可以重复一次指令，引导幼儿理解指令，对于幼儿正确的回应，教养者要及时给予肯定。

娃娃哭了

【适宜年龄】 13～15个月。

【游戏目的】 了解他人遇到的困难，激发幼儿的同情心。

【游戏准备】 娃娃哭闹音频、娃娃的笑声音频、娃娃、奶瓶等。

【游戏玩法】 教养者播放娃娃哭闹的音频，营造娃娃需要帮助的环境氛围。教养者说："娃娃的妈妈出去买菜了，娃娃见不到妈妈很难过，宝宝是姐姐，要不要来哄一哄娃娃呢?"引导幼儿体会娃娃的心情，让幼儿尝试通过抱哄、喝奶、做游戏等方式安抚娃娃。

【游戏指导】 游戏前，教养者要先营造一个娃娃睡觉的环境，稍后再播放娃娃哭闹的音频，注意音频声音不要过大，起到烘托气氛即可。教养者注意引导幼儿体会娃娃的心情，待做出一定的安抚行为之后再播放娃娃开心地笑的音频，体会成功的快乐。

5. 艺术启蒙类游戏案例

八音琴

【适宜年龄】 13～15个月。

【游戏目的】 感知音乐节奏的快慢。

【游戏准备】 八音琴。

【游戏玩法】 教养者与幼儿面对面而坐，教养者引导幼儿通过敲打不同的琴片，感知音高的不同，认知不同颜色的琴片。教养者示范如何从高音弹奏到低音或从低音演奏到高音，让幼儿感知到音阶。

【游戏指导】 教养者敲击琴片时要给幼儿留有听的时间，接着让幼儿也敲击同一个琴片。敲击另一个琴片时，当发音不同时，教养者要露出惊讶夸张的表情，引导幼儿关注音的不同。

走走跑跑

【适宜年龄】 13～15个月。

【游戏目的】 锻炼幼儿的听觉辨音能力。

【游戏准备】《走走跑跑》儿歌音频、宽敞的空间。

【游戏玩法】 教养者拉着幼儿的手，边走边唱，唱前面一段时速度稍慢，唱后面一段时拉着幼儿小跑，让幼儿在走与跑的过程中感受快与慢。

【游戏指导】 教养者要根据幼儿走路的速度确定走与跑的速度，三遍之后，教养者唱歌，让幼儿独自完成游戏。

附：歌曲《走走跑跑》① 1=C $\frac{2}{4}$

3 5 5 | 1 1 1 | 3 5 5 3 | 5 5 5 |

小宝宝 走走走， 妈妈拉手 走走走，

---

① 陈雅芳．0～3岁儿童艺术启蒙与指导［M］．上海：复旦大学出版社，2019：67.

3 5 5 | 2 2 2 | 5 4 3 2 | 1 1 1 ‖
小宝宝 跑跑跑， 花园里面 跑跑跑。

第二节 16～18个月幼儿游戏活动设计与指导

16个月的丁丁已经能牵着大人的手上楼梯了，不扶墙也可以上1～2阶台阶了，会拍球2～4下，能尝试根据图形颜色、形状进行配对，愿意帮大人拿东西，并能按大人的吩咐拿来3种物品，能模仿大人做家务。

提问：假如你是一名托育从业者，面对丁丁这样的孩子，你会在设计游戏时如何应对他的这一情况？

一、16～18个月幼儿发展概况

（一）动作发展

1. 大动作发展

这一时期的幼儿双臂可随成人做四个方向的动作；会扔球或用脚踢球（无方向），甚至跳，可跨越较矮小的障碍物；倒退能走两三步；可蹲下捡东西，接着站起来走；能牵着成人的手上楼梯，不扶墙能上台阶（1～2阶）。

2. 精细动作发展

会用三个手指握笔涂鸦，模仿成人画道道；可以将三个不同的图块放入图嵌中；会拿钥匙开锁；会做倒的动作（从瓶中或碗中倒出小物品）；可以将半圆拼成圆，正方形拼成长方形，垒高4～5块积木；可以将笔插入笔帽中；会翻书页一次两页，会拍皮球2～4下。

（二）认知发展

基本认知：能对圆形、方形、三角形进行形状配对；能认识几种常见的交通工具，如汽车、轮船、火车、飞机等；能分辨红、黄、绿三色。

记忆方面：认识家庭照片中的亲人；能认出自己的东西，能记住并找到心爱物品的放置地；爱看图画书，能认识简单图片并正确指物四五种；能记得前几天的事，有兴趣去观察周围环境。

（三）语言发展

该时期的幼儿会说出10个字音，但发音还不能像成人那样标准，会出现省略音，比如“是”会说成“四”，省略“h”音；还会出现替代音，比如“哥哥”会说成“得得”。出现以上现象的主要原因是幼儿的发音系统还不完善。

该时期的幼儿还会说一些简单的词，如“再见”“谢谢”；偶有会说两到三个字组成的“句子”；能知道自己的名字及亲近人的名字，能说出自己的名字（小名）；认识简单的动物图片，并讲出、指出其中个别特征；有需要时能用带动作的语言表达。

对词的理解能力发展迅速，能理解简单命令，懂得“上面”和“下面”这两个方向；喜欢专注地看电视（如儿童节目并大致理解内容）；喜欢认动物、学动物叫声；喜欢听成人讲话、念儿歌、唱歌，并张开嘴巴试着跟学。

小案例

爱学习的萌萌

萌萌16个月了，她已经会说一些简单的称呼了，如妈妈、爸爸等。妈妈为了多让她学习一些语言，会在萌萌想要某种东西的时候引导她说出物品的名称。一天，萌萌看到玩具狗，一边看着妈妈一边指着玩具狗，并发出“嗯、嗯”的声音。妈妈看到后拿起玩具狗，蹲下来对着萌萌说：“狗狗。”萌萌伸手去够玩具狗，妈妈快速地将玩具狗换到了另一只手上，又一次看着萌萌说：“宝宝也来说，‘狗狗’。”萌萌看着妈妈，一边伸开两条小胳膊够向玩具狗，一边说：“狗狗。”妈妈听到后高兴地将玩具狗放到萌萌的手上，并竖起大拇指夸赞她：“宝宝真棒，会说‘狗狗’了。”

建议

这一阶段，教养者应多给予幼儿语言刺激，促使其开口说话，身边的物品是最好不过的学习工具，比如：是什么、什么颜色、干什么用，都可以帮助幼儿在学习生活常识的同时积累词汇，促进语言发展。当然，教养者需要注意的是：（1）满足幼儿的要求要慢半拍。当幼儿眼睛盯着或伸着小手去抓某件物品时，教养者不要急于把物品递过去，而是告诉幼儿其名称、用途等，并引导幼儿说出自己想要什么。（2）重复说过的内容。在提供的玩具图片中，教养者鼓励幼儿说出图片上的内容。

（四）情感与社会性发展

该时期的幼儿开始产生对黑暗和个别动物的恐惧；在困难时渴望得到成人的帮助和鼓励；依恋心爱的玩具或毛巾，爱携带玩具到处走，能保护自己的玩具；能和别人玩合作的游戏；能认识镜中的自己；喜欢当观众鼓掌大笑。

社会性方面：教养者开始培养幼儿自己做事情，比如吃饭、坐小马桶等；他们愿意帮大人拿东西；能模仿大人做家务。

自我服务方面：能自己脱鞋和袜子；吃完东西会送出空盘；能坐盆大小便。

（五）艺术启蒙

听到音乐会学着成人做点头、拍手、摆手、扭动身体等动作，能握笔随意涂画。

二、16～18个月幼儿玩教具推荐

（一）动作发展类玩教具

16～18个月的幼儿能够在平地上行走自如，能扶栏杆上下楼梯，能模仿成人跑步，说明腿部力量明显增强，因此，可以选择一些低矮障碍物、球类（见图3－11）等促进大动作发展的游戏。

图3－11 皮球

积木（见图3－12）、手抓板拼图（见图3－13）等玩具，有助于幼儿在安静的游戏中产生挑战的欲望，促进精细动作的发展。

图3－12 积木

图3－13 手抓板拼图

（二）认知发展类玩教具

平衡五彩积木、动植物图片（见图3－14）、积木配对（颜色、形状、大小）（见图3－15）、味觉瓶等，通过游戏能分辨动物及其叫声、简单的形状、味道等，培养幼儿初步的分辨能力。

图3－14　动植物图片

图3－15　积木配对

（三）语言发展类玩教具

幼儿对多彩的画面、有韵律的童谣情有独钟，选择绘本故事、立体书、故事机（见图3－16）、儿歌图书（见图3－17）等，激发幼儿读、说的欲望，促进其语言的发展。

图3－16　故事机

图3－17　儿歌图书

（四）情感与社会性发展类玩教具

娃娃家厨具（见图3－18）、仿真电话（见图3－19）、小娃娃推车等，利用生活中的材料，引导幼儿再现生活场景，萌发对日常生活的兴趣，在游戏中提高社会交往能力、语言表达能力。

图 3－18　娃娃家厨具

图 3－19　仿真电话

（五）艺术启蒙类玩教具

超轻粘土（见图 3－20）、油画棒（见图 3－21）、仿真琴等能让幼儿体验操作的乐趣。幼儿尝试揉、搓、压、团超轻粘土，学习用油画棒绘画，模仿成人弹奏钢琴，感受艺术创作过程中的乐趣，培养艺术兴趣。

图 3－20　超轻粘土

图 3－21　油画棒

三、16～18 个月幼儿游戏活动设计与指导要点

（一）16～18 个月幼儿游戏设计

16～18 个月幼儿游戏设计的目标、实施过程、环境创设均需要根据该年龄段幼儿的发展水平来制定，只有这样才能保证游戏的安全与适宜。

1. 16～18 个月幼儿游戏目标设计

结合 16～18 个月幼儿发展概况，游戏目标可以围绕以下方面制定：

（1）促进动作方面的发展。

16～18 个月的幼儿在平地上行走较为自如，会扔球或用脚踢球（无方向），大动作发展有了明显的进步。在此阶段，教养者在设计户外游戏时，可以以球类为主，在抛、扔、踢、拍球的过程中，使四肢动作水平得到进一步提高。

在精细动作发展方面，16～18个月的幼儿可以将三个不同的图块放入图嵌中，可以垒高4～5块积木，会用三个手指握笔涂鸦，拿笔画道道等。因此，教养者在游戏设计时重点关注钳形抓握能力，也就是拇指和食指拿起一个小物件的能力。比如练习自己拿杯子喝水、捡豆子、用勺子舀水等，促进钳形抓握这一关键技能的发展。

（2）提高认知能力。

16～18个月的幼儿对基本图形、生活中常见的交通工具、水果等有了一定的认识，教养者在设计游戏时要注意调动幼儿的多种感官参与，引导通过看一看、摸一摸，甚至尝一尝等方式，从颜色、形状、味道、大小等方面认识物品，从而加深对物品整体的认识，也便于幼儿记忆的准确性。

（3）激发表达欲望。

16～18个月的幼儿喜欢听成人讲故事、念儿歌、唱歌，并张开嘴巴试着跟学，有了表达的欲望。因此，教养者可以让幼儿多听故事、听儿歌、看卡片，帮助幼儿积累词汇量，引导幼儿进行发音练习。

（4）促进社会性的发展。

16～18个月的幼儿能自己做一些事情，比如自己吃饭、脱袜子、坐马桶等，由于各方面能力水平较低，因而会出现吃饭洒得到处都是、袜子脱不下来等场景，切勿因为出现这种糟糕的情况而嘲笑、批评指责，甚至打骂幼儿，而应该积极鼓励，并进行技能方面的指导，以帮助幼儿提高自我服务发展的水平。同时，此阶段的幼儿有了社会交往的欲望，教养者可以提供社交工具，激发其社交兴趣。

（5）促进艺术方面的发展。

16～18个月的幼儿知道单音句，能熟练地发出有节奏的“叠音”，比如“嘀嘀”“喵喵”“汪汪”等，能够模仿成人拍手、轻跳等动作。所以，教养者在设计音乐游戏时，可以多进行节奏感知方面的游戏，引导幼儿在拍手、跺脚、轻跳等动作中感受节奏型。此阶段的幼儿已经不满足于单调的颜色，喜欢更丰富多彩的色彩。因此，在提供手工材料时，色彩要多样，以激发动手的兴趣。

2. 16～18个月幼儿游戏环境创设

16～18个月的幼儿对外界事物的敏感程度越来越高，学习能力也越来越强。此外，自我意识也逐渐增强，也越来越有主意，教养者要想从他手里拿走他的东西较为困难，如果他搭的积木突然倒了，会大哭大叫，不服输，要重新来过，如果教养者没有按照他的意愿帮忙，他会哭闹不止，让教养者不知所措。因此，教养者要把握此阶段幼儿各方面发展的特点，创设相适宜的游戏环境，比如方便锻炼走、跑、跳技能的场地，能让其进行自我服务的材料等，为各方面的发展保驾护航。

（二）16～18个月幼儿游戏活动指导要点

1. 多观察幼儿

16～18个月的幼儿有了一定的游戏偏好，在游戏过程中的差异表现也越来越多，因此教养者在与幼儿游戏时应注意观察幼儿喜欢的游戏类型、方式，偏好的玩具、地点等。这一阶段的幼儿自我意识越来越强，经常“不听话”，并且“反抗”教养者，做出一些看似捣乱、破坏性的行为，教养者不要急于否定或者批评，此年龄段的幼儿因为无法用完整的语言表达自己的想法，干脆直接行动，所以教养者要观察幼儿的游戏行为，用欣赏的、宽容的、研究的态度观察幼儿，了解幼儿游戏行为背后的心理机制。除此之外，教养者更应该关注幼儿的游戏行为与发展的关系，多问几个为什么，为有效地指导幼儿游戏提供依据。

2. 注重感知动作类游戏

16～18个月的幼儿用嘴巴去认识世界的行为逐渐较少，逐渐通过各种感官多种方式去探索事物，比如用眼睛看、耳朵听以及用手摸、握、揉、摇、扔等，以感知动作为中心，在感知操作过程中，主客体混合在一起，探索并感知自己的“力量”。因此，教养者应理解并支持幼儿这种探知世界的方式，以语言、材料及自身等媒介与幼儿积极互动，让他们感受到成人的关注与热爱。此外，成人应提供丰富的环境，刺激幼儿多方面感知觉的发展，提高其对外界环境的灵敏性。设计的游戏可以是好玩的球，引导幼儿滚球、踢球、拍球等，从而达到锻炼的目的。需要注意的是，教养者在游戏指导过程中要注重自身的动作语言，多以夸张的动作提供游戏范式，激发游戏的多样化玩法。

（三）16～18个月幼儿游戏活动案例

1. 动作发展类游戏案例

扔皮球

【适宜年龄】16～18个月。

【游戏目的】锻炼幼儿平衡力，发展空间智能。

【游戏准备】皮球。

【游戏玩法】教养者示范，双手抱球于胸前，用力将球向前推出。幼儿首次操作时可能不会推出或者直接将球丢在前方，教养者再次示范。除了此玩法外，还可以双手举球过肩扔球。球是幼儿最喜欢的玩具之一，在游戏中能够锻炼上肢动作，发展平衡力。

【游戏指导】选择大小、轻重适合幼儿的皮球，避免球过重带倒幼儿。注重幼儿操作过程中动作的引导，真正起到锻炼的作用。

踢球

【适宜年龄】 16～18个月。

【游戏目的】 锻炼幼儿平衡力，发展运动统合能力。

【游戏准备】 足球或皮球。

【游戏玩法】 教养者示范，将球置于地面，单脚站立，另一只脚做踢球动作。随后，教养者将球置于地面静止后，引导幼儿踢球，体验物体的速度与距离。幼儿刚开始踢球时，教养者可以双手放在幼儿两腋下，协助幼儿用力，防止幼儿单脚站立时摔倒。

【游戏指导】 幼儿首次踢球时，因单脚站立，身体不易保持平衡，需要教养者在旁边辅助保护，避免摔倒受伤。

2. 认知发展类游戏案例

找水果

【适宜年龄】 16～18个月。

【游戏目的】 锻炼幼儿观察能力。

【游戏准备】 常见的几种水果及图片。

【游戏玩法】教养者与幼儿面对面而坐，将几种水果在靠近幼儿的一边凌乱摆放，教养者说："这里有苹果，宝宝找找苹果在哪里。"待幼儿找到后，请幼儿将水果拿起来，以此类推。也可以利用图画书让幼儿找。

【游戏指导】刚开始，幼儿可能不能快速地找到相应的水果或图片，教养者可以慢慢描述水果的颜色、形状等，引导幼儿认真观察、寻找。

智慧金字塔

【适宜年龄】16～18个月。

【游戏目的】锻炼幼儿认知能力，发展想象力和创造力。

【游戏准备】15块积木，搭成金字塔。

【游戏玩法】教养者和幼儿坐在地垫上，引导幼儿按照形状从大到小或从小到大的顺序，平面排列或搭高排列。

【游戏指导】教养者先示范正确排列，排列或搭高完成后，双手扶着幼儿的双手，按照从大到小、从小到大或者从高到低、从低到高的顺序，去感受越来越大、越来越小，待感受结束再引导幼儿排列后，幼儿排列后再次扶着幼儿的双手去感受。

3. 语言发展类游戏案例

自然界的各种声音

【适宜年龄】 16～18个月。

【游戏目的】 发展幼儿的语言表达能力。

【游戏准备】 风雨雷电小视频。

【游戏玩法】 教养者与幼儿一起观看视频两遍。教养者描述自己听到的声音，并模仿发音，引导幼儿一起模仿。

【游戏指导】 教养者示范时有节奏，幼儿更容易掌握有节奏感的语句。待幼儿熟悉后，教养者说前半部分，幼儿说后半部分，也就是接说游戏。

附：儿歌《自然界的各种声音》

下雨了，哗哗哗；
打雷了，轰隆隆；
刮风了，呼呼呼；
小河流水哗啦啦；
汽车响，嘀嘀嘀；
飞机飞，嗡嗡嗡；
宝宝笑，哈哈哈；
拍拍手，叭叭叭。

小超市

【适宜年龄】 16～18个月。

【游戏目的】 发展幼儿的语言能力、认知能力。

【游戏准备】 熟悉的水果卡片、蔬菜卡片。

【游戏玩法】 教养者把水果卡片和蔬菜卡片贴在墙上，并给幼儿一些“钱”。教养者鼓励幼儿购买水果和蔬菜，引导幼儿说出水果和蔬菜的名称，当幼儿说出正确的名称后，教养者将卡片取下并交给幼儿，然后收取幼儿手中的“钱”。

【游戏指导】 幼儿每次购买一件，正确表达后完成交易，教养者要及时给予鼓励。

4. 情感与社会性发展类游戏案例

分享快乐多

【适宜年龄】 16～18 个月。

【游戏目的】 锻炼幼儿的交往能力，发展社会性。

【游戏准备】 几块饼干或其他食物。

【游戏玩法】 教养者将几块饼干放在幼儿面前，说：“美味的饼干来了，宝宝想给谁吃呢？”当幼儿做出选择后，教养者引导幼儿将食物分享，分享的同时唱儿歌：“小饼干，甜又甜，你一块，我一块，大家分享真快乐。”

【游戏指导】 如果幼儿刚开始不愿意分享，教养者可以扮演小饼干的角色：“我是美味的小饼干，我想让每个人都尝一尝，那样我会更开心。”当幼儿做出分享的行为后，教养者要给予表扬，强化幼儿的分享行为。

捉迷藏

【适宜年龄】16～18个月。

【游戏目的】锻炼幼儿的观察能力，发展亲子关系。

【游戏准备】小花猫、小老鼠头饰。

【游戏玩法】教养者扮演小花猫，幼儿扮演小老鼠。教养者通过语言创造游戏情境，引导幼儿寻找。两遍之后交换角色继续游戏，增进亲子感情。

【游戏指导】游戏过程中关注周围环境是否安全，避免幼儿碰到桌子或攀爬等造成意外伤害。

5. 艺术启蒙类游戏案例

我的小手

【适宜年龄】16～18个月。

【游戏目的】锻炼幼儿听觉发展，开发音乐智能。

【游戏准备】小凳子两把，音乐。

【游戏玩法】教养者和幼儿面对面坐在凳子上，教养者说：“宝宝，我们身体有很多的部位，它们可能干了，一起来听一听它们都会做什么吧。”教养者边念儿歌边示范做拍手、踏脚等动作，引导幼儿关注节奏。

【游戏指导】引导幼儿倾听，在欢快的节奏中感受快乐。

附：儿歌《我的小手》

我的小手，拍拍
我的小脚，踏踏
我的鼻子，哼哼
我的眼睛，眨眨

小脚打节奏

【适宜年龄】16 ～ 18 个月。

【游戏目的】发展幼儿的身体协调性，发展幼儿节奏感。

【游戏准备】小铃铛两个，彩带，欢快的节奏感强的音乐。

【游戏玩法】将小铃铛分别拴在教养者的左脚和幼儿的右脚脚踝处。播放节奏欢快的音乐，教养者右脚站立，随着音乐节奏示范踏左脚，引导幼儿踏右脚。刚开始教养者可以拉着幼儿手一起踏脚，待熟悉后让幼儿自由随音乐做踏脚动作。

【游戏指导】脚踝处的铃铛不要系得过紧，轻轻踏脚，以免听不清音乐。

第三节　19 ～ 21 个月幼儿游戏活动设计与指导

19 个月的乐乐已经能在平地上自由行走了，能摇晃着跑步，偶尔跌倒，能捡起地上较小的豆子，喜欢说“妈妈抱”“爸爸班”等“电报句”，看到小朋友哭了，会走过去摸一摸或者抱一抱对方，以表示安慰。

提问：假如你是一名托育从业者，面对乐乐这样的孩子，在游戏过程中，你会如何指导孩子及其家长？

一、19～21个月幼儿发展概况

（一）动作发展

1. 大动作发展

这时期的幼儿身体能力进一步发展，脚步也稳固多了，上下楼梯也自由多了；可以在平地上自由行走，摇晃着跑步，能倒退走5步以上，能用脚尖走三四步；钻直径为70cm的圈时能弯腰，但不够灵活；可以跨过8～10cm高的障碍物；能走跑交替，但不灵活。

2. 精细动作发展

小手能上下摆动，知道用棍取物，抓放自如，会穿珠子数颗；能将有痕迹的手工纸对折；会拆玩具；一分钟内可以捡10颗豆子；会握勺吃饭，但不熟练。

（二）认知发展

1. 基本认知

能分辨圆形、方形、三角形；能认出生活中常见的物品；理解对应所属关系；对颜色的分辨也有所增强，在较多颜色中，能认出红、黄、黑、白等颜色。

2. 数学概念

该时期的幼儿能初步识别大小，有了初步的数的概念，知道“1”和“多”的差异。能机械记忆1～5个数字。

3. 思维

初步了解方位概念，能按照成人的要求去取桌上桌下的物品，遇到困难时能尝试思考寻找解决办法；开始出现行动前的思考行为。

（三）语言发展

这一阶段的幼儿语言发展进入“爆炸期”，突出特点是词汇量迅速增长，语言理解能力迅速提高。

这一时期，幼儿能够表达的词类扩大，由原来的名词、动词，逐渐地会说代词“我”，但会出现“我”“你”错用的情况。

在理解词语方面，能很好地理解生活中接触到的词汇，比如门、灯、爸爸、妈妈、球、鞋、帽子、玩具等实物、称呼和玩具，但对一些不常用的形容词、量词、副词等理解困难。

该时期的幼儿开始说“句子”了，这一阶段的句子被称为“电报句”。“电报句”主要是词汇的罗列，没有规范的句法结构。

（四）情感与社会性发展

该时期幼儿自我意识继续发展，懂得自我，喜欢独立做事情；有同情心，看到小朋友哭了，会走过去摸一摸或者抱一抱对方，以表示安慰；分离焦虑逐渐减轻，看到妈妈去上班，能在安抚下停止哭泣并说再见，这也说明其有了一定的自我控制能力。

自我服务方面：自己会用手帕擦鼻涕；在成人的提示或帮助下能把玩具整理好。

（五）艺术启蒙

在成人的指导下，能跟着音乐做简单的模仿操，如：拍拍手、点点头、转一圈等。涂颜色、印手印、印印章都成为此阶段幼儿喜欢的美术活动。

二、19～21 个月幼儿玩教具推荐

19～21 个月是幼儿成长过程中的又一个里程碑。该阶段，幼儿的大脑和身体快速发展，他们不仅会走、会跑，还会跳。这个时期，教养者也经常带幼儿出去玩耍，以让他们接触更多的外界环境。教养者应该根据 19～21 个月幼儿身心发展的特点和需求，选择合适的玩具，激发幼儿各个领域的发展，从而促进其身心的全面发展。

（一）动作发展类玩教具

球类、攀爬类（见图 3－22）、滑梯（见图 3－23）、秋千等玩教具，可以帮助幼儿感受上、下、高、矮等空间关系，同时促进腿部力量及身体协调性的发展。

图 3－22　低矮攀爬架

图 3－23　组合滑梯

穿珠子、切切乐（见图 3－24）、积塑（见图 3－25）、积木等玩教具，可以锻炼幼儿穿扣、切分、堆叠、拼插、摆放能力，调动动手操作的积极性，发展精细动作、想象力及手、眼、脑的协调能力。

（二）认知发展类玩教具

19～21 个月的幼儿不仅能够认识常见的物品，知道其名称，还能把物品名称、特征和用途进行匹配，也对数字开始感兴趣，可以数 1～5 的数字。因此，教养者可以选择一些图片指认游戏，如图 3－26 所示，提高幼儿的认知能力。

图 3－24 切切乐

图 3－25 积塑玩具

图 3－26 认知图片

（三）语言发展类玩教具

19～21个月的幼儿出现了“词语爆炸现象”，表现为说话的积极性很高，词汇大量增加，最多能说出100个左右的单词。另外，该阶段也是“电报句”最突出的一个阶段。“电报句”句子很短，没有修辞，大多在五个字以下，从表现形式上看是断续的、简明的、结构不完整的。所以，教养者可以多选择一些童话类故事书、图片书等阅读材料一起阅读，也可以选择手偶（见图3－27）、头饰（见图3－28）等，创编故事培养幼儿倾听能力，使幼儿积累词汇量，促进语言表达能力的提升。

图 3－27 手偶

图 3－28 头饰

（四）情感与社会性发展类玩教具

19～21个月的幼儿模仿能力很强，会模仿他人说话的语气，情绪情感也丰富了很多，所以，可以给该时期的幼儿选择一些娃娃家、小厨具、头饰、手偶等玩具材料，在角色扮演、故事表演等游戏中，激发幼儿的表达欲望，学习对自己情绪的控制能力。

（五）艺术启蒙类玩教具

19～21个月的幼儿喜欢听音乐，尤其是欢快的歌曲，并能随音乐速度进行敲打演奏，也喜欢玩橡皮泥、水彩笔等美术材料。因此，教养者可以选择小鼓、沙锤、小话筒等促进幼儿音乐速度感知的发展，还可以选择橡皮泥、可水洗水彩笔等，激发幼儿的操作欲望，提高其创意表达能力。

三、19～21个月幼儿游戏活动设计与指导要点

（一）19～21个月幼儿游戏活动设计

19～21个月幼儿游戏设计的目标、形式、实施过程、环境创设均需要根据该年龄段幼儿的发展水平来制定，只有这样才能保证游戏的安全与适宜。

1. 19～21个月幼儿游戏目标设计

结合19～21个月幼儿的发展概况，19～21个月幼儿游戏目标可以围绕以下方面制定：

（1）促进身体动作协调性的发展。

19～21个月的幼儿能进行爬、蹲、走、跑、钻等动作变换，还能踮起脚尖走，能踢球等，说明这一阶段的幼儿大动作协调了很多，所以教养者在游戏设计时应注重身体动作协调性的锻炼。

该阶段的幼儿精细动作也有了较好的发展，会用绳子穿有大孔的珠子，能在一定时间内捡起较多数量的豆子等，说明他们已经掌握了许多基本动作。所以，教养者可以设计一些动手操作的游戏，促进手眼协调能力的发展。

（2）提高认知能力。

19～21个月的幼儿能认出生活中常见的物品，理解对应所属关系，还能机械记忆1～5个数字，初步了解方位概念，能按照成人的要求去取桌上桌下的物品。所以，教养者可以设计一些听指令取物品、图片指认等游戏，提高其认知能力。

（3）提高语言表达能力。

19～21个月的幼儿词汇量迅速增长，语言理解能力迅速提高，进入“电报句”阶段。此阶段也是语言发展的敏感期，教养者设计游戏时要注意创设自由表达的空间，留足表达的时间，及时给予积极反馈和正确引导。

（4）促进情感与社会性的发展。

19～21个月的幼儿有同情心，看到小朋友哭了，会走过去摸一摸或者抱一抱对方，以表示安慰，表情日渐丰富，分离焦虑逐渐减轻。因此，教养者可以设计一些体验不同情绪情感的游戏，丰富此阶段幼儿对情绪情感的认知，对积极的情绪反应及时表扬，并进行强化。

19～21个月的幼儿能在成人的提示或帮助下把玩具整理好，因此，教养者要在每次游戏结束后进行收拾整理的示范，并引导一起收拾整理，对幼儿的整理习惯进行表扬，帮助幼儿逐步养成爱整理的良好习惯。

（5）促进艺术方面的发展。

19～21个月的幼儿能与成人一起唱歌，能根据音乐速度敲打演奏，能跟着音乐做简单的模仿操，如：拍拍手、点点头、转一圈等。因此，教养者可以让幼儿倾听音乐，在音乐速度变快时引领幼儿一起快快拍手、点头、快走、快跑等，在音乐速度变慢时，引领幼儿一起慢走、转圈等，促进幼儿对音乐速度的感知。

此阶段的幼儿喜欢涂颜色、印手印、印印章，教养者可以设计一些小手印画、小鱼吹泡泡等游戏，在操作的过程中感知色彩混合发生的奇妙变化，体验绘画的不同方式，激发对绘画的兴趣。

2. 19～21个月幼儿游戏环境创设

伴随着幼儿动作、语言、自我意识等方面的发展，19～21个月的幼儿对世界的探究欲望更加明显，独自活动的意愿更加强烈，他们喜欢独自上下楼梯，喜欢涂鸦，喜欢伴随音乐扭动身体，等等。因此，教养者应为此阶段的幼儿提供一个轻松安全的、满足好奇心的、自然新颖的游戏环境。

（二）19～21个月幼儿游戏活动指导要点

1. 关注游戏环境，确保游戏安全

19～21个月的幼儿在动作方面有了很大的提升，会走、会跑、会跳，所以动作发展类游戏时间增加了很多，这也符合该阶段幼儿的兴趣需要。但是，该阶段的幼儿虽然能够走、跑、跳，但由于生理原因，脊椎的弯曲还没有完全形成，两腿和身体的动作也不能很好协调，而幼儿又急于完成动作，因此在运动的过程中经常会出现摔跤的情况，造成擦伤、血肿等意外伤害。这就要求教养者在组织幼儿进行运动性游戏或户外游戏时，应做好游戏前、中、后的所有工作，具体包括游戏前的环境准备、材料准备，排除安全隐患，游戏过程中的防护，以及游戏后的放松等。

2. 创设语言交流情境，引导使用双词句

19～21个月的幼儿表现出极大的说话兴趣，并且会爆发性地运用语言。双词句是指有两个单词组成的句子，如“妈妈抱抱”“爸爸妈妈”“宝宝吃”等。双词句的出现，不仅表明幼儿的词汇量增加了，也说明他们开始理解语法结构。另外，双词句的使用更

有利于他们在人际交往中被理解，这也进一步刺激了他们使用语言。所以，教养者要多为开展语言类游戏，创设语言交流情境，丰富幼儿的词汇量，促进此阶段幼儿语言能力的提高。

知识拓展

“电报句”

大致从 1.5 ～ 2 岁开始，幼儿出现了双词或三词组合在一起的语句，即用名词、动词、形容词，省略介词、连词和助词来形成句子。它在表达一个意思时，虽然比单词句明确，但表现形式却是断续、简略的，结构不完整，好像成人所发的电报式文件，故通称为“电报句”。

说出句子是婴幼儿言语发展中的一大进步，也是这一阶段孩子发展的主要特点。但是这时说出的句子还很不完善，具体表现在：

1. 句子简化

这一时期，婴幼儿说出的句子都很简单、短小，只有 3 ～ 5 个字，主要有以下几种：

（1）简单的主＋谓句。如“妈妈抱”“宝宝尿”“狗狗叫”等。

（2）简单的谓＋宾句。如“喝奶奶”“开车车”“穿鞋鞋”等。

（3）简单的主＋谓＋宾句。如“妈妈上班”“爸爸抱宝宝”等。

2. 句子不完整，缺少语法成分

此阶段的婴幼儿虽然已能说出不少句子，但所说的句子往往缺字漏字。如“妈妈，痛痛”（妈妈，我肚子痛），“爸爸，球球”（爸爸，快拍球），“爸爸班班”（爸爸去上班了）。

3. 词序颠倒

除了说双词句以外，婴幼儿还常常把句子中词语的前后次序弄错，或者说成倒装句。如“不对起”（对不起），“不拿动”（拿不动）等。

场景再现

问一个孩子：“你有一只耳朵，还是有两只耳朵？”他回答道：“一只有耳朵（有一只耳朵），两只耳朵没有（没有两只耳朵）。”

3. 鼓励为主，逐步提升自我服务能力

该时期的幼儿自我意识逐渐提高，喜欢主动去做一些事情，但往往因为能力有限而无法达到预期效果，突出表现在自我服务方面。教养者需要做的就是在日常生活中、游戏中给予幼儿充分的自由，允许幼儿按照自己的意愿独立做一些事情，比如穿鞋、拿勺子吃饭、刷牙等，在需要时提供帮助和指导，并及时对他们的进步给予肯定和鼓励，帮助幼儿建立自主感，从而使其更加积极地自主探索。

（三）19～21个月幼儿游戏活动案例

1. 动作发展类游戏案例

捡球 追球

【适宜年龄】19～21个月。

【游戏目的】锻炼幼儿大动作及身体的灵活性。

【游戏准备】可以发出声音的小球若干、小筐两个、宽阔平整的场地。

【游戏玩法】教养者把小筐放在地上，将球滚向远处，发出口令后与幼儿一起追球，追到球后捡起返回，并将球放在自己的小筐里。

【游戏指导】最好是可以发出声音的球，悦耳的声音更能引起幼儿跑动的兴趣。在追球的过程中，幼儿可能因为自我控制能力弱而停不下来，教养者要注意帮助幼儿停下，并对幼儿的表现及时给予鼓励。

小蚂蚁过桥

【适宜年龄】19～21个月。

【游戏目的】锻炼幼儿动作的协调性，发展身体平衡能力。

【游戏准备】2米长、5厘米高、5厘米宽的平衡木，小蚂蚁头饰，海洋球若干，筐子一个，平整的地面。

【游戏玩法】教养者讲故事，营造故事情境。教养者："轰隆隆，打雷了，马上就要下雨了，小蚂蚁要把粮食运回家，需要通过一座桥……"教养者示范，手拿散落在地上的海洋球，从平衡木的一端开始，两脚交替沿着平衡木前进，慢慢通过后，将海洋球放至筐子中，返回继续。教养者引导幼儿一起游戏。

【游戏指导】教养者在示范行走的过程中，边走边说"桥下就是河，一定要小心啊"，引导幼儿关注行走的动作。

2. 认知发展类游戏案例

神秘袋

【适宜年龄】19～21个月。

【游戏目的】锻炼幼儿的触觉感知能力。

【游戏准备】神秘袋、苹果、橘子、香蕉、小布偶等。

【游戏玩法】教养者把装有物品的神秘袋放在幼儿面前，请幼儿将一只手伸进去触摸，然后说出名称，拿出后，教养者给予鼓励，并与幼儿一起观察物品，包括形状、颜色、手感等。

【游戏指导】每次在神秘袋中只放一个物品，如果物品太多，幼儿可能摸到后会再更换，导致说不清楚。

玩具排队

【适宜年龄】19～21个月。

【游戏目的】锻炼幼儿的观察力，能辨别大小并按顺序排列。

【游戏准备】大小不同的玩具车（同一类不同大小的玩具若干组）。

【游戏玩法】 教养者与幼儿并排而坐，将玩具车散放在前面。教养者说："宝宝，车宝宝们在马路上要遵守交通规则行驶，马路在我们前面，现在请你把最大的玩具车宝宝找出来吧。"教养者出示两个车宝宝引导幼儿目测大小，引导幼儿从大到小或从小到大排序。

【游戏指导】 首次游戏，速度要慢，给幼儿观察目测的时间，在排序时注意引导，待操作结束，再次引导幼儿观察排好序的玩具，向幼儿强调这个排列就是从大到小或从小到大。

3. 语言发展类游戏案例

找玩具

【适宜年龄】 19～21个月。

【游戏目的】 锻炼幼儿的观察力、记忆力，鼓励幼儿大胆表达。

【游戏准备】 幼儿日常生活用品、幼儿熟悉的玩具。

【游戏玩法】 教养者和幼儿面对面坐着，玩具摆放在两人中间，让幼儿说出每个玩具的名称。然后，让幼儿闭上眼睛，教养者藏起一件玩具，请幼儿睁开眼睛，说出少了的那件玩具的名称，说对了要及时给予鼓励。

【游戏指导】 每次摆放的玩具或物品控制在五件左右，当幼儿回答困难时，教养者给予提示。

手抓板拼图

【适宜年龄】19～21个月。

【游戏目的】锻炼幼儿的观察力，能够根据拼图内容大胆表达。

【游戏准备】有故事内容的手抓板拼图若干（每个手抓板拼图有3～4块）。

【游戏玩法】将一个手抓板拼图摆放在幼儿面前，请幼儿观察图片形状及内容，教养者在幼儿观察时可以讲述故事内容。然后将拼图拆散，请幼儿重新拼。待幼儿操作结束后，请幼儿说一说图片上的内容。

【游戏指导】选择的手抓板拼图主要形象要突出、内容要简单，教养者讲述时语言要清晰，语句简短，便于幼儿重复。

4. 情感与社会性发展类游戏案例

红灯停　绿灯行

【适宜年龄】19～21个月。

【游戏目的】发展幼儿了解社会规则的能力。

【游戏准备】胶带，红灯、绿灯指示牌。

【游戏玩法】教养者先用胶带在地面上创设斑马线情境。幼儿站在斑马线一边，教养者站在另一边。教养者说："宝宝，马上要过马路了，我现在是交通警察，我说'红灯'，宝宝就要停下来不许动，我说'绿灯'，宝宝开始走。"教养者引导幼儿重复游戏规则，幼儿了解规则后开始游戏。之后用指示牌代替口令。

【游戏指导】游戏过程中，教养者的规则要求要具体明确，如果幼儿违反游戏规则必须立刻停止游戏。

我来照顾妈妈

【适宜年龄】 19～21个月。

【游戏目的】 辨识几种身体不适的症状，萌发关心他人的情感。

【游戏准备】 听诊器、体温计等小医生工具。

【游戏玩法】 妈妈说："宝宝，当你生病的时候，妈妈会给你量体温、盖被子、擦脸、喂药，如果妈妈生病了，你会做什么呢？"边说边做出咳嗽、肚子疼等动作，引导幼儿量体温、揉肚子、喂药等行为，并说"妈妈你疼吗""妈妈你好点了吗""妈妈你口渴吗"等话语，让幼儿在话语或细微的行为中萌发关心他人的情感。游戏结束，妈妈要对幼儿表达感谢。

【游戏指导】 幼儿动作较为笨拙，妈妈要耐心引导和配合，对幼儿的体贴话语和动作进行表扬和感谢。

5. 艺术启蒙类游戏案例

小鱼吹泡泡

【适宜年龄】 19～21个月。

【游戏目的】 能用水彩笔画圆形，并尝试涂色。

【游戏准备】 有一条任意形状的小鱼的画纸若干、水彩笔若干。

【游戏玩法】 教养者与幼儿并排而坐。教养者首先引导幼儿回忆吹泡泡的游戏，然后营造故事情境："河里小鱼游游游，游来游去吹泡泡。"教养者边说边引导幼儿画小鱼吐出的泡泡，并自由涂上颜色。

【游戏指导】 幼儿画出的泡泡刚开始会比较大，呈现不规则的圆形。教养者要给予幼儿充分练习的时间，引导幼儿再次观察圆形，多次练习后幼儿画的圆形会越来越小。

小手印画

【适宜年龄】 19～21个月。

【游戏目的】 知道手的作用，尝试变换手的姿势创意印画。

【游戏准备】 手印画《树》、围裙、护袖、调色盘、水粉颜料若干。

【游戏玩法】 教养者与幼儿一起唱儿歌《我有一双小小手》。教养者说："小手真能干，不仅会拿勺子、穿衣服，还可以画画呢！看，这是什么？这是一个结满了小手的树，我们一起来画一画吧。"教养者示范手印画，引导幼儿尝试，然后变换手的姿势印画出不同的形象。

【游戏指导】 在印画时，幼儿由于力气较小，印出的图案可能不是很清晰或者有残缺，教养者可以协助幼儿。操作结束，将作品晾干收集，待后期与幼儿一起进行添画游戏。

第四节　22～24个月幼儿游戏活动设计与指导

22个月的贝贝已经能单脚独站片刻，还能双脚并拢跳起，能比较自如地进行爬、蹲、走、跑、钻等动作，能较熟练地拿勺子吃饭，喜欢哼唱儿歌，有时还能较完整地背诵小儿歌，但是占有欲强，不爱分享，不愿等待。

提问：假如你是一名托育从业者，面对贝贝这样的孩子，在游戏过程中，你会如何指导孩子及其家长？

一、22～24个月幼儿发展概况

（一）动作发展

1. 大动作发展

能自如地进行爬、蹲、走、跑、钻等动作；能单脚独站片刻，还能双脚并拢跳起；在上楼梯时，能不扶扶手上楼梯；能抱着球随意投掷，举手过肩扔球，还能向指定方向踢球，并跑去弯腰捡起球或玩具；能利用椅子或凳子设法去拿够不到的东西。

2. 精细动作发展

能将点连成线，能熟练地穿珠子；能拿勺子吃饭，能开门关门；能用五六块积木垒高，能倒液体，能随意折纸；能初步扣纽扣。

（二）认知发展

1. 基本认知

能认识和分辨颜色、形状、声音的差异；有简单的是非观；有危险意识；能理解生活中的一些基本概念。

2. 记忆

能准确指出身上7个以上部位；知道经常一起玩耍的伙伴的名字；能记住一些简单的事、熟悉的生活内容。

3. 注意

能集中注意力看图片、看电视、玩玩具、听故事等，但注意时间较短。

（三）语言发展

会用名字或“宝宝”来称呼自己，能说出自己和父母的名字；用“要”“不要”“是”“不是”来回答相关问题；喜欢听重复讲过的故事，喜欢哼唱儿歌，有时还能较完整地背诵儿歌；能用语言简单描述自己的行为。

（四）情感与社会性发展

这一阶段的幼儿有了较为稳定的情绪，比如友好、平静、温和，惊奇、害羞、沮丧也伴随左右。他们知道安慰不高兴的父母和同伴，愿意主动关心、照顾他人。

2 岁的幼儿开始有了真正的自我意识，开始表现出独立性，会说“自己来”“不”等，比如努力摆脱成人的帮助，自己穿袜子，自己用小勺子吃饭等；还喜欢帮家长做家务，并能按指示完成简单的任务；占有欲强，不爱分享，不愿等待。

（五）艺术启蒙

有初步的韵律感，能自己敲击物体，倾听发出的声音；能根据自己的节奏随着音乐扭动身体；出现“轮廓歌”(只是一个唱歌的大体构架，近似唱歌)；喜欢鲜艳的色彩；对绘画、造型产生兴趣；开始画封闭性的圆；能用笔在纸上大胆涂抹。

二、22～24 个月幼儿玩教具推荐

（一）动作发展类玩教具

结合本阶段幼儿大动作发展概况，教养者除了可以选择一些球类、攀爬类游戏外，还可以选择滑板车、扭扭车（见图 3－29）、平衡车（见图 3－30）、儿童电动车、钻洞、拱形门等，以达到锻炼全身肌肉、发展身体控制能力的目的。

图 3－29　扭扭车

图 3－30　平衡车

本阶段幼儿双手能共同协作，完成一些较难的精细运动，比如扣纽扣、穿木珠、搓泥等，所以提供的玩具可以较上一阶段尺寸更小、更多一些，比如发条玩具、切果蔬玩具、积塑玩具、简单拼图等，进一步发展精细动作。

（二）认知发展类玩教具

22～24 个月的幼儿能理解生活的一些基本概念，了解物体大小、位置，能集中注意力看图片、看电视、玩玩具、听故事等，但注意力集中时间短，能记住一些简单的事、熟悉的生活内容。教养者可以选择分类板、分类盒、棋类（见图 3－31）、数字卡片、动物卡片、日用品卡片（见图 3－32）等，帮助幼儿感知事物，使其在探索的过程中思维得到发展。同时，在操作中锻炼手眼协调能力、想象力与创造力。

图 3－31 棋

图 3－32 日用品卡片

（三）语言发展类玩教具

22～24个月仍是幼儿语言发展的敏感期，教养者可以多选择一些立体绘本、各类卡片、故事机（见图3－33）、挂图（见图3－34）等，通过制作精美的立体绘本、听玩一体的故事机，让幼儿在听、说、认中丰富阅读体验，发展阅读能力和表达能力。

图 3－33 故事机

图 3－34 挂图

（四）情感与社会性发展类玩教具

一些娃娃家、小医院、小厨房、维修工具（见图3－35）等角色扮演的玩具，可以帮助幼儿在角色扮演中提升社会交往技能。

图 3－35 维修工具

（五）艺术启蒙类玩教具

22～24个月的幼儿能根据自己的动作随着音乐晃动身体，能自己敲击物体，倾听发出的声音；能对绘画、造型、色彩产生兴趣，所以教养者可以选择粘贴画（见图3－36）、打击乐器组合（见图3－37）、水彩笔、音乐播放器等玩具，在游戏中提高艺术感知能力和审美能力。

图3－36 粘贴画

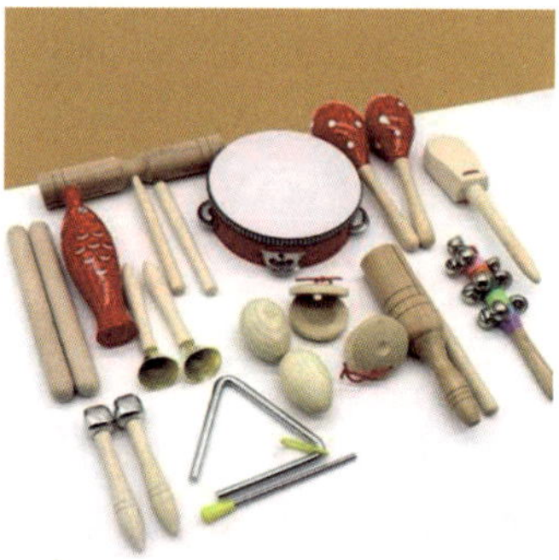
图3－37 打击乐器组合

三、22～24个月幼儿游戏活动设计与指导要点

（一）22～24个月幼儿游戏设计

22～24个月幼儿游戏设计的目标、形式、实施过程、环境创设均需要根据该年龄段幼儿的发展水平来制定，只有这样才能保证游戏的安全与适宜。

1. 22～24个月幼儿游戏目标设计

结合22～24个月幼儿发展概况，22～24个月幼儿游戏目标可以围绕以下方面制定：

（1）促进身体控制能力的发展。

22～24个月的幼儿能双脚并拢跳，能举手过肩扔球，能踢大球，能弯腰捡玩具，能利用椅子或凳子设法去拿够不到的东西，能不扶扶手上楼梯等，说明幼儿身体的协调性有了很大的发展。教养者设计游戏时更应关注强健体魄，锻炼此阶段幼儿的全身肌肉，发展身体控制能力。

（2）促进认知能力的发展。

22～24个月的幼儿有了初步的危险意识，知道经常一起玩耍的伙伴的名字，能记住一些简单的事、熟悉的生活内容等。教养者可以引导幼儿指认日常生活标识、危险标记，并在家里找一找、贴一贴，加深对潜在危险的认识。教养者还可以设计谈话活动，帮助幼儿回忆生活内容，促进其记忆、注意的发展。

（3）促进阅读与表达能力的发展。

22～24个月的幼儿仍处于“词语爆炸期”，说出的单词最多可达300个。虽然

70% 的词仍是名词，但其他各类词如动词、形容词、数词、代词、副词、感叹词等开始出现。无意义的发音现象已经消失，双词句继续发展，但还是以简单句为主。该时期的幼儿还喜欢听重复讲过的故事，能较完整地背诵儿歌。因此，教养者可以提供多种阅读材料，丰富幼儿的阅读体验，发展其阅读能力和表达能力。

（4）促进社会交往能力的发展。

22～24 个月的幼儿占有欲强，不能分享。因此，教养者可以选择一些娃娃家、小医院、小厨房等角色扮演的玩具材料，使幼儿在角色扮演中认识身边的环境，体验成人的生活，懂得关心和照顾他人，促进社会交往能力的提升。

（5）促进艺术表现力的发展。

22～24 个月的幼儿会注意倾听声音，学会使用简单的物品按照一定的规律敲出节奏来，懂得分辨声音，会模仿大自然、生活中的一些常见声音，并能模仿鸟飞的动作，模仿成人。教养者可以设计听音乐做动作、歌曲表演、模仿游戏等，促进幼儿在游戏中随音乐进行动作变化，发展艺术表现力，教养者还可通过语言描述激发幼儿想象力，引导其进行涂鸦或添画。

2. 22～24 个月幼儿游戏环境创设

22～24 个月的幼儿，喜欢模仿，也勇于探索，爱发脾气，自我意识更进一步，会根据自己的想法执着于一个玩具或者一件事。这一时期，教养者要根据幼儿身心发展的特点，掌握好自由发展的尺度，并提供必要的保护与约束，在保证安全的前提下，为其提供一个鼓励探索、富有挑战、支持创造性发现的游戏环境。

（二）22～24 个月幼儿游戏活动指导要点

1. 在日常生活中促进利他行为的发展

22～24 个月即接近 2 岁的时期，是自我意识发展的转折期。该时期的幼儿开始使用词汇“我”，进入人生的第一逆反期。“上楼梯时摆着手不让旁人扶”“吃饭时饭粒撒得满桌”“洗自己的小袜子会洗很长时间”，等等。这样的场景想必教养者已经司空见惯，这正是因为幼儿处于“自主对羞耻”的心理阶段，这一阶段教养者就要帮助幼儿形成正确的自我认识，尤其是帮助幼儿克服能力不足与自我意识过剩造成的情绪偏差，对于因能力而出现的“不足表现”给予鼓励，并留有充足的练习时间，以帮助其形成健康的心理。婴幼儿的自我意识的形成也是培养其利他行为的好机会，或许幼儿并未拥有明确利他意识，但这也让幼儿开始考虑“我的、你的和他的”。虽然这时候他们更多考虑的还是“我的”，但也已经能够意识到别人也有拥有物品的需要。

2. 在动作练习的过程中提高操作的精细化程度

人在日常生活中的动作有很多，包括站、走、跑、跳、钻、爬、拿、投、倒、夹、捏、敲、拉、转等，22～24 个月的幼儿已经掌握了一部分动作，但是精细动作还有待进一步发展。手是智慧的象征，手部动作的灵活可以帮助幼儿更好地照顾自己、适应环境，从而适应生活。所以，教养者在带领幼儿游戏时，要注重引导幼儿对技能技巧性动作的掌握，比如拿勺子、扣扣子、提裤子、穿鞋子、倒水等，使他们能够以更多的方式和外界环境相互作用，以便提升对自我的肯定，同时培养良好的生活习惯。

3. 在被赏识和信任中树立自信心

22～24个月的幼儿喜欢探索，喜欢自主地去做一些事情，喜欢涂鸦，喜欢随音乐舞蹈，但由于各方面能力有限，他们独立做事情的结果总是让人“大失所望”。但是，教养者应该看到他们行为背后的发展。比如：涂鸦，它刺激着婴幼儿的眼睛和心灵。但幼儿的涂鸦，长期以来被一些人视为简单笨拙、毫无意义的活动而加以忽视。他们总希望婴幼儿能画出一些“像样”的画，能表现出“水准”，当他们无法满足成人的愿望时，便开始否定、责难他们，逐渐导致婴幼儿不愿意去画，不愿意去唱，不愿意去跳，或者直接以“我不会画”“我不想画”等为借口来免于批评。所以，教养者在与此阶段的幼儿一起绘画、唱歌等游戏中，可以从色彩、构图、轮廓等方面进行积极的引导，或者通过微笑、点头、抚摸等给予其充分的信任和支持，他们会在教养者信任的目光下、支持的话语中，树立自信，从而体验成功的快乐。

知识拓展

如何正确引导婴幼儿涂鸦?

1.5～2岁的婴幼儿喜欢到处涂抹，于是用笔在纸上、书上、墙上等地方画点、画线的涂鸦行为就出现了。涂鸦是孩子学习控制自己手部肌肉，学习合理使用力量的过程，亦是从无意识涂抹状态向有意识表达发展的过程。

1. 不要过早地教孩子绘画技巧

涂鸦对孩子来说有着非凡的意义，其目的并非单一地为未来培养画家，因此，没有必要一定要教给他正确的画法，或者非要他遵照成人的意愿来布局、着色、表达某些情节或者故事，只要让孩子按照他自己的想法去涂涂画画就好了。如果成人加入，就有可能让活动本身变得了无情趣，甚至可能带给孩子很多意想不到的问题，严重的还可能挫伤孩子的自信心，破坏孩子涂鸦的兴趣。

2. 对孩子的涂鸦给予积极回应

当孩子兴致勃勃地涂涂画画的时候，家长需要做的事情就是热情地对孩子的作品给予回应，帮助他把涂鸦的积极性保持下来。1.5～2岁的婴幼儿对于涂鸦这件事的态度取决于家长的态度，虽然他还不知道涂鸦这件事意味着什么，但从妈妈肯定的笑容中，他明白这是一件妈妈支持的事情。

3. 鼓励孩子自由表达

涂鸦的落点不见得都要归于美术与绘画，要能挖掘孩子在涂鸦过程中一些另外的收获。比如，看到孩子画了一个圆圈，妈妈可以这样描述："哦，你看，太阳出来了，好温暖啊！"看到孩子画了一条弯弯扭扭的线，妈妈可以说："哟，你看，小虫子也出来晒太阳了吧！"这能使孩子意识到，他的这些画都是有意义的，是家长能够理解、认可的，有利于树立孩子的自信心。

当然，我们可以更多地引导孩子自己来表达，使无意涂鸦逐渐变为有意绘画。

4. 提供涂鸦的环境和材料

既然涂鸦好处多多，父母应该积极创造条件支持孩子涂鸦。家长可以购置一些儿童的涂色卷和画笔，让孩子更好地进行涂画，可以买那种贴在墙上的涂色卷，让孩子更好地进行涂鸦，还可以避免墙壁弄脏，同时还可以进行装饰。

资料来源：https://www.sohu.com/a/336125329_120296777.

（三）22～24个月幼儿游戏活动案例

1. 动作发展类游戏案例

用镊子夹球

【适宜年龄】 22～24个月。

【游戏目的】 锻炼手部肌肉和夹的动作。

【游戏准备】 碗2个，其中一个装有小球，另一个空着；6～10个小毛球、镊子。

【游戏玩法】 教养者和幼儿面对面而坐。教养者示范，用右手拇指、食指和中指拿稳镊子，把镊子置入装有小毛球的碗中，用镊子夹取其中一个小毛球，然后移入另一个碗中，松开镊子，使小毛球落入碗中。引导幼儿操作。相同的动作用另一只手做。

【游戏指导】 重点是拿镊子的手部动作，用拇指、食指和中指拿稳。此外，引导幼儿夹取小毛球之后不要着急松开，待移至另一个碗上方或碗中之后再松开镊子。

五指抓

【适宜年龄】22～24个月。

【游戏目的】锻炼幼儿五指抓的动作及手的协调性。

【游戏准备】托盘1个；不同颜色的碗2个，其中一个盛满小毛球或者豆子，另一个是空的。

【游戏玩法】教养者和幼儿面对面而坐。教养者首先展示抓的动作：五指张开，用力抓、松。教养者五指张开，去抓小毛球或者豆子，将手移至空碗中松手，待所有的小毛球抓完后，更换另一只手继续。

【游戏指导】主要是锻炼五指抓的动作，所以教养者要引导幼儿将五指用力伸开、松开，幼儿抓取小毛球之后，需将手移至另一个碗中再松开。

2. 认知发展类游戏案例

午饭吃什么

【适宜年龄】22～24个月。

【游戏目的】知道常见食物的名称，能够愉快进餐。

【游戏准备】愉快的进餐环境。

【游戏玩法】教养者与幼儿坐在餐桌前。教养者说：“哇，好香的午饭呀！请宝宝告诉我今天中午吃什么呀？这是什么？”教养者依次询问幼儿盘中都有哪些蔬菜，对幼儿的回答及时给予肯定，幼儿若回答不出，教养者可以向幼儿介绍蔬菜的名称、颜色、形状，告诉幼儿菜名。游戏后期可以直接请幼儿报菜名。

【游戏指导】游戏之前，教养者可以与幼儿一起洗菜、切菜，帮助幼儿了解蔬菜洗切前后形状的改变。

多与少

【适宜年龄】 22～24个月。

【游戏目的】 感知物品的多与少。

【游戏准备】 苹果、糖若干。

【游戏玩法】 教养者与幼儿面对面而坐。教养者首先出示1个苹果放在一边，说："这是1个苹果。"然后出示多个苹果，放在另一边，说："这是许多苹果。请宝宝看看，这两边苹果哪边多？哪边少？"然后一只手里有一颗糖，另一只手里有许多糖，请幼儿说说哪只手里的糖多，哪只手里的糖少。

【游戏指导】 当幼儿回答不出来时，教养者要告诉幼儿："这边苹果多，那边苹果少。"说的过程中用手做指向的动作。

3. 语言发展类游戏案例

我是小喇叭

【适宜年龄】 22～24个月。

【游戏目的】 锻炼幼儿的听觉能力，发展语言表达能力。

【游戏准备】 报纸做的大喇叭。

【游戏玩法】 教养者在幼儿的身边，可以拿一本书念，也可以念一首儿歌，或者说几句话，让幼儿对着大喇叭重复刚刚教养者说过的话，或者模仿教养者的话自己说一句。如教养者对着幼儿念："星星亮晶晶"，让幼儿在大喇叭面前说："星星亮晶晶。"

【游戏指导】 教养者需选择有趣的绘本故事或者围绕幼儿感兴趣的主题开展游戏。

我是小明星

【适宜年龄】 22～24个月。

【游戏目的】 进一步增强自我意识，发展语言表达能力。

【游戏准备】 小舞台、小话筒一个。

【游戏玩法】 幼儿手拿小话筒站在小舞台上，教养者坐在观众席，通过提问，比如："你叫什么名字？你是男孩还是女孩？你家里都有谁？你的玩具有哪些？你会唱什么歌？"引导幼儿自我介绍或者进行节目表演。

【游戏指导】 当幼儿回答困难时，教养者给予适宜的提示。

4. 情感与社会性发展类游戏案例

拔萝卜

【适宜年龄】22～24个月。

【游戏目的】能与成人或者同伴合作玩游戏。

【游戏准备】萝卜、老爷爷、老奶奶、小姑娘、小花猫、小花狗、小老鼠头饰。

【游戏玩法】教养者营造游戏情境。“这里有棵大萝卜，萝卜成熟了，我要拔下来煮汤喝。”假装拔不动，依次邀请参与者一起拔萝卜。最后，萝卜拔出来，大家一起高高兴兴抬回家。还可以请幼儿轮流扮演萝卜，重复游戏。

【游戏指导】幼儿扮演萝卜时，教养者注意不要太用力，避免将其肌肉拉伤。

开火车

【适宜年龄】22～24个月。

【游戏目的】知道游戏规则，能与成人或同伴一起合作游戏。

【游戏准备】电动火车一列。

【游戏玩法】教养者出示电动火车，帮助幼儿认识火车是由一节一节车厢组成的，并请幼儿欣赏火车。教养者做火车头，其他成人和幼儿做车厢，依次排成一列，后者拉着前者的衣服下摆。教养者说：“我的火车就要开，开往北京。”过程中可以模仿火车行驶的声音，到达目的地后，提醒乘客到站了。可以更换不同的地点，或者经过隧道、大桥等增加游戏的趣味性。

【游戏指导】教养者做火车头时，注意速度要慢一些，防止幼儿摔伤。

5. 艺术启蒙类游戏案例

青蛙大嘴巴

【适宜年龄】22～24个月。

【游戏目的】感知强弱不同的声音。

【游戏准备】青蛙玩具或青蛙卡片，《青蛙大嘴巴》歌曲。

【游戏玩法】初次游戏时，教养者手拿青蛙玩具或青蛙卡片，哼唱歌曲，唱到“呱呱呱”的时候捏响玩具，并模仿发音，引导幼儿跟着教养者一起唱出强弱不同的蛙鸣声。待幼儿熟悉歌曲后，幼儿手拿青蛙玩具继续游戏。

【游戏指导】教养者发出强弱不同的蛙鸣声时最好配上能显示强或者弱的动作，以便幼儿深刻感知节奏，并发出对应的声音。

泡泡画

【适宜年龄】22～24个月。

【游戏目的】感知不同的色彩。

【游戏准备】颜色较浅的泡泡水一盆、不同的颜料、粗细不同的吸管若干、水粉纸若干。

【游戏玩法】 幼儿拿着粗细不同的吸管在盆里吹泡泡，待盆里的泡泡漫过盆边缘，教养者辅助幼儿拿一张水粉画纸压在泡泡上，泡泡炸开后留在纸上的痕迹变成了一张泡泡画。可以变换不同颜色的泡泡水重复操作。

【游戏指导】 游戏开始时，先提供颜色较浅的泡泡水，然后添加同样的颜料，让幼儿充分感知色彩的变化。教养者注意防止幼儿吸食泡泡水。

本章小结

1～2 岁的幼儿处于学步期，其语言、自我意识及反应能力发展迅速，本章主要阐述 1～2 岁幼儿的发展概况、玩具选择及游戏设计和指导要点，依据 1～2 岁幼儿身心发展的特点设计相应的游戏，为相应年龄段的幼儿设计适合的游戏，展开流畅的组织，给予有效的指导，并进行客观的评价。

同步练习（赛证热点）

一、选择题

1. 13～15 个月婴幼儿在与人交往时，对生人表现出（　　）。

A. 害怕和担心　　B. 好奇和兴趣　　C. 兴奋和激动　　D. 热情和亲密

2. 13～15 个月幼儿动作发展已经从大把抓，逐渐发展到用（　　）抓物。

A. 四指　　B. 五指　　C. 三指　　D. 一指

3.* 幼儿在感觉运动游戏过程中，为了获得某种愉快的体验而单纯重复某种活动或动作，以（　　）为主。

A. 抓　　B. 握　　C. 扔　　D. 推

4. 16～18 个月幼儿对词的理解能力发展迅速，能理解简单命令，懂得（　　）和（　　）这两个方向。

A. 前面；后面　　B. 左边；右边　　C. 上面；下面　　D. 正面；背面

5. 16～18个月幼儿愿意帮大人拿东西，并能按大人的吩咐拿来（　　）种物品。

A. 0　　B. 1　　C. 2　　D. 3

6. 19～21个月幼儿虽然能够走、跑、跳，但由于生理原因，脊椎的（　　）还没有完全形成。

A. 发育　　B. 弯曲　　C. 直立　　D. 旋转

7. 22～24个月幼儿能准确指出身上（　　）个以上部位。

A. 7　　B. 8　　C. 9　　D. 10

8. 22～24个月幼儿仍处于“词语爆炸期”，说出的单词最多可达（　　）个。

A. 100　　B. 200　　C. 300　　D. 400

二、判断题

1. 13～15个月幼儿会独立行走，行走的动作自如、协调。（　　）

2. 13～15个月幼儿在自我服务方面：会脱袜子，尝试自己拿勺子吃饭。（　　）

3. 16～18个月幼儿用嘴巴去认识世界的行为逐渐增多。（　　）

4. 19～21个月幼儿不能分辨圆形、方形、三角形。（　　）

5. 22～24个月幼儿喜欢模仿，勇于探索，爱发脾气，自我意识更进一步。（　　）

三、简答题

简述13～15个月幼儿大动作发展概况。

四、思考题

请为22～24个月幼儿推荐动作发展类游戏玩教具，谈谈推荐理由。

第四章 2～3岁幼儿游戏活动设计与指导

- 2～3岁幼儿游戏活动设计与指导
  - 第一节 25～30个月幼儿游戏活动设计与指导
    - 25～30个月幼儿发展概况
    - 25～30个月幼儿玩教具推荐
    - 25～30个月幼儿游戏活动设计与指导要点
  - 第二节 31～36个月幼儿游戏活动设计与指导
    - 31～36个月幼儿发展概况
    - 31～36个月幼儿玩教具推荐
    - 31～36个月幼儿游戏活动设计与指导要点

学习目标

知识目标：

1. 了解25～30个月、31～36个月幼儿身心发展特点；
2. 理解幼儿游戏活动的指导，掌握游戏设计思路。

能力目标：

能根据25～30个月、31～36个月幼儿发展特点，设计并开展相关的游戏。

素质目标：

遵循幼儿身心发展规律，热爱幼儿、科学育儿。

课前导入

游戏是幼儿认识周围环境、认识事物的主要途径，是幼儿最喜爱的活动，是促进幼儿心理发展的主要方式。2～3岁幼儿的各种心理活动具有直觉行动性，记忆与思维都是在与事物的直接接触或活动中进行的，关注并尊重幼儿个体差异，因材施教，根据幼儿的身心发展规律和特点，为其提供优质的早期教育，能让教育事半功倍。

提示：2～3岁幼儿应当如何进行游戏？

第一节　25～30 个月幼儿游戏活动设计与指导

芯芯 2 岁之后开始变得很矫情，还很执拗。她会把自己的玩具摆成一大排，不考虑会不会影响到其他人的通行，反正自己想这样做，谁也不可以阻止。如果这个时候任何人不小心碰到了她摆好的玩具，芯芯就会一通哭闹。

提问：芯芯的这些“霸道”表现正常吗？如何正确引导芯芯游戏呢？

一、25～30 个月幼儿发展概况

（一）动作发展

1. 大动作发展

稳定性、协调性增强，幼儿可以行走自如，走路时能看着要去的地方，会主动地避开障碍物，开始学跑步，开始学习单腿独自站立，会扶着扶手上下楼梯；会双脚同时站在平衡台上不会跌倒。能够双脚交替上下楼梯，可以单脚跳，能够单手抬高过肩丢小球 1.5～2 米；能单脚站立 5 秒钟左右；可以踮着脚尖走路，能从一个较低的高度一步跳到地面。

2. 精细动作发展

幼儿的惯用手已形成，会穿脱简单的衣服，会穿松紧带裤子和解纽扣，能叠放三层积木，可以进行搭建活动。能用蜡笔画出至少长 25 厘米、斜度不超过 30° 的直线，能用勺子吃饭。取物不易失手掉落，喜欢玩操作性玩具。可以模仿画直线与圆圈，可以画“十”字和正方形。

（二）认知发展

对周围事物感兴趣，经常问“为什么”等问题，能基于形状、大小、颜色进行简单的物品分类；知道早上起床，晚上睡觉，知道上厕所，知道日常生活用品的用途，能专注思考一个问题；认识两种以上颜色；能背数字 1～10，可复述多位数；认识圆形、方形、三角形等几何图形；能判断物体的远近、大小、里外；知道自己身体各部分名称；能够识别 3～4 种颜色；认识 6～10 种水果；能够分辨出天气的阴、晴、刮风、下雨、下雪。

能够完成简单的分类任务，比如将玩具收好，能够叙述一天中早些时候发生的事情，可以很好地回应“做了什么、去哪儿”等成人的提问；长期记忆开始培养，推理及理解能力也将紧随其后。

（三）语言发展

此阶段的幼儿开始进入口语发展关键期，语音逐渐稳定和规范，能够运用多种简单句。例如，“宝宝睡觉”“坐车车”等；学习表达自己的想法，但是以模仿家长说过的话为基础。例如，琪琪听到家长夸自己“琪琪吃饭真棒！”，当她看到同伴鑫鑫认真吃饭时，她会说：“鑫鑫吃饭真棒！”能理解成人说的话，喜欢反复听一个故事，电报句现象明显。[①] 词汇量不断积累，重复使用的话变少。

疑问句增多，喜欢问“为什么”；喜欢与人交谈，见到新鲜的事物喜欢问“这是什么”“那是什么”，能够理解并正确回答“谁”“什么”“哪儿”“谁的”“为什么”等问题；会使用习惯用语，构建相对复杂的句子，并且通过增加否定词“不”，表达否定句。

（四）情感与社会性发展

从25个月开始，情绪发展已经趋向稳定了，但会出现愿望得不到满足而大声哭闹，甚至打人、咬人等攻击性行为，出现逆反心理，容易出现反抗现象。情感也变得逐渐丰富，包括喜、怒、哀、乐和同情心、羞愧感等高级情感，但还需要成人正确的引导。

有较强的自我意识，明白自己和别人是有区别的，对喜欢的玩具或食物占有欲强，幼儿在与他人交往时带有自我中心倾向，有一定的自我控制能力，能够主动帮助同伴，会模仿家长的行为，[②] 喜欢角色游戏。

（五）艺术启蒙

视觉感受能力快速发展，能够用象征式的符号表达自己的心意，喜欢拿着蜡笔、水彩笔之类的工具有控制地涂鸦，会有意识地上下或左右画线，在美术欣赏感知和理解方面，强烈地注意颜色，喜爱色彩鲜艳的作品，只注意画面局部特征。在成人引导下，能画直线、圆圈，进行简单的添画、点画、印画、折纸等活动。

开始懂得音乐与动作大小的关系，喜欢敲打乐器，熟悉音调变化，能哼唱2～3首歌曲，节拍、旋律、吐字都比较准确。能随着音乐做模仿操，并能根据情景做简单的音乐游戏等。

二、25～30个月幼儿玩教具推荐

25～30个月阶段的幼儿是动作发展的关键期，正处于学习各种动作的阶段，选择玩具及游戏材料就应以运动游戏类、建筑游戏类的玩具为主。随着自我意识的不断发展，幼儿会出现更多的自主行为和形成自己的个性特征。此时期的幼儿富有想象力，也能够理解一些抽象的概念，应多选择低结构、可反复操作、练习的玩具。[③]

---

① 林静.0～3岁婴幼儿玩具与游戏［M］.长沙：湖南教育出版社，2021：206.

② 同①217.

③ 姜风华.2～3岁幼儿家庭玩具选择的调查研究［J］.早期教育，2015（11）.

（一）动作发展类玩教具

动作发展类玩具可以选择球类（见图 4-1）、攀滑类、钻爬类（见图 4-2）、摇摆类（见图 4-3、图 4-4）等，这类玩具可以发展幼儿全身大肌肉的协调性，锻炼双手的小肌肉灵活性。而且通过这类玩具能够发展幼儿身体的控制能力、提高四肢力量，增强动态平衡能力以及视听觉调节能力，使幼儿适应周围环境变化，在与玩具的互动中感受“上下高矮”等空间概念，判断自身高度和距离。

图 4-1 球类玩具

图 4-2 钻爬玩具

图 4-3 扭扭车

图 4-4 摇摇船

在精细动作发展方面，可以提供串珠、积木、图形嵌板（见图 4-5）、动物敲竹台（见图 4-6）等操作性玩具，帮助幼儿练习手指的灵活性，发展双手协调能力、手眼协调能力。

图 4-5 图形嵌板

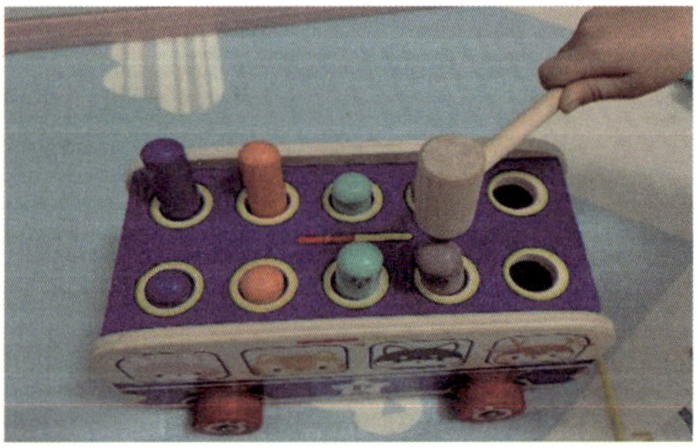

图 4-6 动物敲竹台

（二）认知发展类玩教具

认知发展类玩具可以刺激幼儿的视觉、听觉、触觉、嗅觉等，有助于发展幼儿的感知能力。常见的认知发展类玩教具包括图形分类（见图4－7）、扭蛋配对（见图4－8）等，幼儿可以通过摆弄、拆装、组合、创作不同的玩具，发展感知觉，丰富想象力和创造力。

图4－7　图形分类

图4－8　扭蛋配对

（三）语言发展类玩教具

此阶段的幼儿处于口头语言发展关键期，语言发展类玩教具可以包括图书、图卡（见图4－9）、挂图（见图4－10）等，纸质和电子类有声读物均可。幼儿触摸书籍、一页一页地翻书、听成人讲故事、看图画等都是在进行语言类游戏。幼儿通过感知画面，理解、积累语言和词汇，培养阅读兴趣，感受文学作品的艺术魅力。

图4－9　图卡

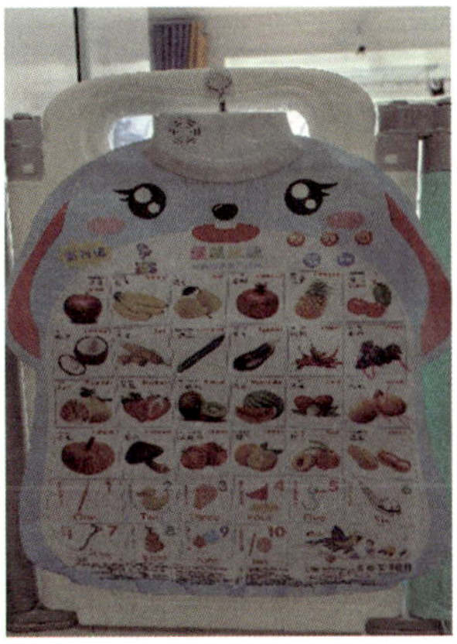

图4－10　挂图

（四）情感与社会性发展类玩教具

此阶段的幼儿开始喜欢玩角色游戏，所以，情感与社会性发展类玩教具可以有各种材质的娃娃、与日常生活场景（如厨房、医院、超市等）紧密相关的各类玩具（见图4－11到图4－16），幼儿在与这些玩具互动的过程中认识和感受身边人、事、物。

图 4－11　厨房玩具

图 4－12　医生玩具

图 4－13　水果蔬菜切切乐

图 4－14　人物毛绒玩具

图 4－15　动物毛绒玩具

图 4－16　人形玩偶

（五）艺术启蒙类玩教具

艺术是儿童与生俱来的能力，此阶段的幼儿处于“涂鸦敏感期”，对色彩和图形的感知逐渐增强，为培养幼儿的艺术素养，可以提供画板、涂鸦墙（见图 4－17）、食品级蜡笔、水笔等玩教具；音乐感知方面，可以准备一些敲打类乐器玩具（见图 4－18），提供录有不同节奏的音频，让幼儿感受不同的音调。

图 4－17　涂鸦墙

图 4－18　乐器玩具

三、25～30个月幼儿游戏活动设计与指导要点

（一）25～30个月幼儿游戏设计

1. 确定游戏目标

游戏目标的确定首先需要考虑25～30个月幼儿发展特点与规律，如动作发展、认知发展、语言发展、情感与社会性发展和艺术启蒙等方面特点，设计的目标难度要契合本月龄段幼儿发展水平。例如，此月龄段的幼儿能自己上下楼梯，什么事情都想自己做，喜欢自言自语、搭积木、画画等，那么成人就可以依据幼儿这样的特点和表现，设计相应的游戏，如上下楼梯、我会自己吃饭、传话等游戏；此外，还要兼顾幼儿发展的个体差异性，这就需要成人在日常生活中留心此月龄段幼儿各方面的表现与发展需求，争取使游戏目标符合幼儿的最近发展区。如"我会自己吃饭"游戏的设计，有的幼儿动作慢，会掉饭、撒饭，这就需要成人适当调整游戏目标，循序渐进、耐心引导，保证幼儿都能"跳一跳，够得着"，实现内在发展。

2. 选择游戏形式

选择合适的游戏形式，首先要符合此月龄段幼儿的兴趣。因为3岁前幼儿的学习特点是"按照自己的大纲进行学习"，他们按照自己的兴趣和需要，从环境中吸取自己感兴趣的东西，"决定自己的大纲"，"在学习过程中能做到的知识与他的兴趣相符合的事情，按照自己学习速度与方式前进，而不受成人教学大纲的影响"。[①] 其次，可以围绕此月龄段幼儿身心发展的五大类特点设计开展动作发展类游戏、认知发展类游戏、语言发展类游戏、情感与社会性发展类游戏和艺术启蒙类游戏。如动作发展类游戏"跳荷叶"，认知发展类游戏"认大小"，语言发展类游戏"打电话"。

3. 设计游戏流程

每个游戏都是由若干个环节构成的。为了更好地凸显游戏的教育价值，教养者应对游戏开展的步骤和具体组织方法进行精心的策划，让每个游戏环节衔接自然流畅，既不脱离主题，又不丧失童趣，进而使幼儿感受游戏带来的丰富体验，得到应有的发展。所以，25～30个月幼儿游戏流程具体可以包括游戏名称、适宜年龄、游戏目的、游戏准备、游戏玩法和游戏指导，成人围绕这些方面设计相应的游戏，促进幼儿发展。需要注意的是，在游戏玩法设计时，"有趣、好玩"是其重要特征，切不可只关注完成游戏目的，忽略幼儿积极、愉悦的情绪体验。

（二）25～30个月幼儿游戏指导

1. 创设适宜游戏情境，合理搭配游戏材料

确保游戏场地平整、安全，玩具干净、数量充足。选择游戏材料时，可以选择幼儿生活中常见的、方便购买的材料，有利于玩具的推广使用；也可以有一些新奇的玩具，

---

① 维果茨基．维果茨基教育论著选［M］．余震球，选译．北京：人民教育出版社，1994：378.

能够吸引幼儿的兴趣。同时，还要注意材料的结构性，例如，确定了角色游戏的厨房情境后，既要选择一些高结构材料（锅、铲子、盘子、勺子等），还要准备一些低结构材料（比如小积木块、纸条、树叶等）。

2. 顺应个体发展需求，采取相应指导策略

教养者既要为幼儿的游戏创设物质条件，更要让幼儿有充足的时间来操作和探索。不要急于干涉，更不要直接教授，而要带着“向孩子学习”的思想去观察幼儿的兴趣、能力，观察他们作用于材料的方式，然后顺应他们不同的需求采取合适的指导策略。比如，提供材料、平行示范、积极参与等策略。

3. 倡导家长积极参与，注重积极有效互动

鼓励家长参与幼儿的游戏，及时记录在与幼儿游戏的过程中得到的关于幼儿发展的丰富的一手信息，例如，幼儿的学习风格、语言、气质特点、情绪、与人交流的模式等。对于幼儿在游戏中的行为，要给予积极有效的回应，帮助幼儿解决游戏中遇到的困难和问题，以便更好地掌握幼儿的能力发展水平和游戏需求，促进幼儿健康成长。

（三）25 ～ 30 个月幼儿游戏案例

1. 动作发展类游戏案例

跳荷叶

【适宜年龄】 25 ～ 30 个月。

【游戏目的】 锻炼跳跃能力及配合能力。

【游戏准备】 “荷叶”道具、青蛙玩偶。

【游戏玩法】 在平地上铺两片荷叶，幼儿抱着小青蛙站在起点处，依次跳到两片荷叶上，之后由成人将幼儿跳过的荷叶移动到前方，让幼儿跳到前方的荷叶上，如此反复，直到幼儿到达终点。

【游戏指导】 游戏次数和难度均可根据幼儿的体力情况进行调整，当幼儿热衷于游戏活动时，可能会提出一些特别的要求。这时，教养者尽量不要忽视或限制幼儿，而应尽量帮助幼儿，千万不要因为害怕幼儿弄脏衣服或出现别的问题而约束他们。

手指传笔

【适宜年龄】 25～30个月。

【游戏目的】 锻炼动手能力、手眼协调能力及手指灵活性。

【游戏准备】 笔。

【游戏玩法】 教养者伸出双手，用食指把笔托住传给幼儿，幼儿用双手的食指接住，再用同样的方法传给教养者，如果不小心把笔掉在地上，游戏重新开始；教养者也可以用食指和中指夹住笔传给幼儿，让幼儿也用食指和中指接住再传给教养者；还可以用中指和无名指夹住幼儿传来的笔，不停地变换手指，看谁接得稳。

【游戏指导】 教养者可以根据幼儿的情况逐渐增加游戏的难度，也可以把笔换成其他的物品，比如花生、红枣，但要注意游戏安全。

2. 认知发展类游戏案例

认大小

【适宜年龄】 25～30个月。

【游戏目的】 通过实物比较和视觉观察，认知、理解物体“大”与“小”的概念。

【游戏准备】 红、黑和方形、圆形等颜色和形状大小各异的纽扣、瓶盖，一张桌子。

【游戏玩法】 教养者将8颗大小不同、颜色形状各异的纽扣混在一起，散放在桌子上。成人先对幼儿说哪个大、哪个小，然后请幼儿挑出大纽扣放一边，挑出小纽扣放另一边，直到全部挑完；教养者还可以将大小纽扣混在一起，并在其中混入一些大大小小的瓶盖，让幼儿将大瓶盖和大扣子放在一边，将小瓶盖和小扣子放在另一边。

【游戏指导】 在幼儿不能马上进行分类时，可以先让其观察，给予合适的提示。这个游戏可以让幼儿学会不受纽扣颜色和形状的影响，按大小特征进行分类，教养者也可以利用纽扣和瓶盖，让幼儿进行颜色和形状分类的训练。

比长短

【适宜年龄】 25～30 个月。

【游戏目的】 通过实物比较和视觉观察，认知、理解物体“长”与“短”的概念，培养观察力和判断力。

【游戏准备】 白纸、画笔、长袜子、短袜子、长铅笔、短铅笔。

【游戏玩法】 教养者用画笔在白纸上画出两条长短不同的直线，告诉幼儿长和短的区别；教养者拿出准备的两只袜子，和幼儿共同摆弄比较长短；再拿出两根铅笔，让幼儿独立比较长短。

【游戏指导】 在幼儿不能马上进行长短比较时，教养者可以先让其观察，给予合适的提示；选择幼儿比较熟悉且容易辨别的物品，有助于幼儿进行长和短的比较，训练观察力和判断力。

3. 语言发展类游戏案例

悄悄话

【适宜年龄】 25～30 个月。

【游戏目的】 通过语句的传递，让幼儿练习语言。

【游戏准备】 2～3人。

【游戏玩法】 教养者先在幼儿耳边小声地说一句话，如“我想吃苹果”，让幼儿传给另一个幼儿或教养者。第二个人听到后大声地说出答案，看答案是否正确。等幼儿熟悉这种玩法后，可以适时地增加句子的长度。

【游戏指导】 在幼儿不能完整复述时，可以降低难度，缩短句子的长度。

炒豆豆

【适宜年龄】 25～30个月。

【游戏目的】 锻炼语言表达能力，丰富肢体语言，增强合作能力。

【游戏准备】 愉快的背景音乐。

【游戏玩法】 教养者模仿小白兔跳一跳，问：“宝宝看，谁来了？小白兔去哪里？”教养者接着说：“小白兔要去种豆豆，我们也去种豆豆吧！”幼儿跟随教养者模仿小白兔蹦蹦跳，找个地方停下来。教养者和幼儿面对面坐好，念儿歌《炒豆豆》的第一节，并随儿歌节奏用左手食指戳右手手心，幼儿跟着教养者戳手心，当念到最后一句时，用右手食指戳左手手心。

教养者伸伸懒腰，摸摸肚子，说：“肚子饿了，咕噜咕噜！让我们一起去炒豆豆吧！”教养者和幼儿面对面坐好，念儿歌《炒豆豆》的第二节，左右或上下晃动手臂，当念到儿歌最后一句时，教养者的一只手拉住幼儿的一只手，幼儿原地转一圈，成人另一只手帮助宝宝转圈圈。教养者搂着幼儿，装作闻一闻豆豆，然后深吸一口气，说：“哇，宝宝炒的豆豆真香啊！”“啊呜一口，吃饱了。”

附：儿歌《炒豆豆》

小白兔，种豆豆；黄豆豆，绿豆豆；种好豆豆拿来炒。

小白兔，炒豆豆；黄豆豆，绿豆豆；炒好豆豆扭一扭。

【游戏指导】 幼儿种豆豆时，可以让幼儿轻戳自己的身体部位，也可以戳教养者的身体，增强游戏的趣味性；在重复念儿歌时，念到“炒好豆豆扭一扭”时，可以鼓励幼儿进行创编，如“炒好豆豆转圈圈”，也可鼓励幼儿创意扭。

4. 情感与社会性发展类游戏案例

表情书

【适宜年龄】 25～30个月。

【游戏目的】 通过丰富夸张的表情图片感受各种情绪变化，增强人际交往能力。

【游戏准备】 人物表情（如大笑、生气、哭泣）图片若干。

【游戏玩法】 教养者可以将各种表情的人物图片贴在本子上，做成表情书。教养者和幼儿一起翻看表情书，每看到一个表情，就和幼儿讨论这是什么表情，比如，看到笑脸图片，教养者先问幼儿这是什么表情，如果幼儿不知道，教养者可以模仿图片大笑，幼儿理解图片之后鼓励幼儿也试着这样做，以此类推。

【游戏指导】 待幼儿熟悉各张表情图片后，可以角色互换。还可以鼓励幼儿在日常生活中学会将自己的情绪宣泄出来，学会表达自己的真实情感。

如果没有眼睛

【适宜年龄】25～30个月。

【游戏目的】培养同情心，设身处地地感受盲人的难处，体会到被别人帮助的感受。

【游戏准备】丝巾。

【游戏玩法】教养者和幼儿相向而坐，教养者用丝巾蒙住幼儿的眼睛，然后问幼儿："如果人没有眼睛会怎么样呢？"教养者可以引导幼儿说："如果没有眼睛我就会看不见……"或者"看不见爸爸妈妈，看不见自己喜欢的玩具，还有什么看不见的？"如果幼儿说不出来，教养者可以再继续引导幼儿想他平时喜欢的事物。教养者可以扶着幼儿走路，问他的感受，当幼儿感觉有困难时，教养者要及时帮助他，并说："我来帮助你。"

【游戏指导】游戏的时间不宜过长，而且可以调换角色进行，让幼儿来帮助教养者，引导他说出："让我来帮助你。"

5. 艺术启蒙类游戏案例

描影子

【适宜年龄】25～30个月。

【游戏目的】在合适的光照条件下，能够用工具描自己的影子，感知线条美。

【游戏准备】粉笔或者其他合适的记号工具，平坦的地面。

【游戏玩法】找一块干净、平坦的地面，让幼儿挑选自己喜欢的记号工具，描自己影子的轮廓，可以先从一只手或者一只脚开始，待幼儿熟悉玩法之后，也可以让幼儿描其他人、事物的影子。

【游戏指导】 描影子时提醒幼儿注意安全，不要摔倒。

水钢琴

【适宜年龄】 25～30个月。

【游戏目的】 熟悉音调的变化。

【游戏准备】 玻璃杯7个，汤勺或筷子，水。

【游戏玩法】 教养者在准备好的7个玻璃杯内由少到多分别装上不同量的水，让幼儿拿一个汤勺敲打杯子的边缘，会发出不同的音高，按音阶从低到高进行演奏，让幼儿按照敲打的声音辨别哪个音阶最高，哪个音阶最低。

【游戏指导】 引导幼儿观察：敲击杯子时，杯子和水会产生共振，水越多振动越慢，所以，水越多，敲击时音调越低。在幼儿玩杯子时，教养者必须注意看管，以免出现意外。

知识拓展

舒特－戴森儿童音乐能力发展一般年龄特征

年龄段	0～1岁	1～2岁	2～3岁	3～4岁	4～5岁	5～6岁	6～7岁
音乐能力特征	能对声音做出各种反应	自发的、本能的“创作”并歌唱	开始能把听到的歌曲片段模仿地唱出	能感知旋律轮廓；如果此时开始学习某种乐器的演奏，可以培养绝对音高感	能辨别音高、音区，能重复简单的节奏	能理解、分辨响亮与柔和之声；能从一些简单的旋律或节奏模式中辨认出相同的部分	在唱歌的高音方面已较为准确；明白有调性的音乐比不成调的音乐好听

资料来源：张奇．儿童审美心理发展与教育［M］．北京：北京师范大学出版社，2000.

第二节　31～36个月幼儿游戏活动设计与指导

33个月的琦琦睡醒穿衣时，能自己拉上衣服拉链，衣服鞋袜放在固定地方；会用筷子吃饭，用勺喝汤；能正确发音，说话较连贯，能叙述简单事情的情节；能说出几种日常物品的用途；会说1～5的顺序数；会比较线的长短；随音乐跳舞，动作协调；能画没有缺口的圆形和四方形；爱劳动，能帮成人做力所能及的事；做错了经提醒能承认。

提问：此年龄段的琦琦还有哪些表现呢？

一、31～36个月幼儿发展概况

（一）动作发展

1. 大动作发展

肌肉骨骼发展更成熟；基本动作发展较为显著，能逐步完成跑、跳、踢、抛接球，两脚交替上下楼梯等动作，并逐渐稳定与协调；能脚踩踏板骑三轮车。走路时手臂会自然交互摆动，可以绕过障碍物跑，会想办法用手接球，运动神经变得发达，能做较复杂的运动，如踢球入门、走S线和投掷等，能够单脚站5秒左右。

2. 精细动作发展

小肌肉控制能力日趋准确，动作精细度更好，当四指握紧时，拇指能够伸开并自由活动，可以完成折纸、撕纸、解纽扣、穿鞋、拼图形等精细动作。能手握蜡笔模仿画圆圈、竖线和横线，可以模仿画十字；能用剪刀剪碎纸；将一张动物图片剪成 5 ～ 6 块，在成人示范下，幼儿能拼出动物原形；能够开、盖小罐子，会使用勺子。

（二）认知发展

初步知道今天、明天的概念，理解早晚和时间概念，掌握长、短等概念；能够抽象地认识上、下方位；好奇心旺盛；可认识红、黄、蓝、绿、黑五种及以上颜色；能从动态的录像播放中认出自己和熟悉的人；开始学习用积木搭建镂空的造型，能够在比较短的时间内，把相应物品放置到相应容器或相应空间内。

注意力能集中 10 分钟左右，喜欢玩“石头、剪刀、布”的游戏；能分清物品类别，如穿、吃、玩、用；能够点数到 5，复述 4 位数；能将物品一分为二；认识主食、副食各 10 种；会收拾和洗净杯子。

（三）语言发展

说话、听话积极性高，说话有“破句”现象；掌握大量的词汇，基本上能熟练地运用方位词、感叹词、语气助词等，抽象类词汇也运用得比较频繁，概括类词汇也开始大量出现。[①] 开始使用多种比较类词汇，但在实际选择中，还不能准确体现；能理解并正确回答“谁”“什么”等问题；能理解表达时间的词语，如“马上”等。

复合句出现和增加，能说出六词句、七词句等较为复杂的句子，如“我有很多好玩的玩具”；句子反映的内容也更加丰富，但还不能熟练地使用连词，不能独立完整地表达自己的感情和叙述自己经历过的事情。

（四）情感与社会性发展

逐步掌握“我”这个代名词，独立意识增加，常说“我自己做”，拒绝别人帮助；自我评价有初步发展，有同情心，开始关心和同情同伴，模仿敏感期，能相互观察，喜欢模仿彼此的语言和行为，遇到困难时会请求成人帮助；怕羞，情感丰富，喜欢参加社交活动，尤其愿意参与年龄相仿的幼儿间的活动，加入与自己性别相同的群体，性别意识开始萌芽。

能说出爸爸、妈妈的名字，知道常见的不同职业的人。正确表达自己的各种情绪，能关注他人的消极情绪，并尽量帮助他人摆脱消极情绪；可以完整地做自我介绍，在成人的引导下礼貌待人，开始懂得调节自己的行为以得到表扬或避免批评，会保护自己的财物。

（五）艺术启蒙

喜欢摆弄简单的美术工具和材料，能在一张纸上画出横、竖直线，开始自发地画线段、弧线及各种形状的线条，临摹和模仿一些图案，乐意参加涂画、撕画、搓捏等活动。在掌握画横、竖线和圆的基础上，模仿画气球、下雨等；能完整地听一首歌，粗略

---

① 赵君 .0 ～ 3 岁婴幼儿语言发展与教育［M］. 上海：同济大学出版社，2019：49.

理解歌曲名称和内容。

模仿涂鸦期，能把生活中观察到的事物用自己独特的绘画方式表现出来，能用语言表达作品中熟悉的色彩和形象的名称；在成人指导下，能折正方形、长方形或三角形等形状，且边角整齐；能折简单的纸工；能解释和命名画出的线条或形象，逐步发展为有意涂画，并在操作中逐渐获得色彩、线条构图的初步感受。

二、31～36个月幼儿玩教具推荐

此阶段的幼儿开始喜欢模仿成人的世界，精力也比较充沛，所以，在提供玩具方面，可以在发展幼儿身体各方面机能基础上，注重心智开发；还可以带领幼儿在自然中发现玩具、制作玩具，这对开阔幼儿的眼界、增强其动手能力很有帮助。

（一）动作发展类玩教具

在大动作发展方面，动作熟练度逐渐提高，可以在原来基础上提高难度，包括钻爬类、圈类、投掷类玩具。增加钻爬类玩具的种类，比如，纸箱、多项隧道、钻爬网（见图 4－19），增强幼儿平衡感，锻炼胆量；圈类玩具可以准备呼啦圈、体操圈（见图 4－20）、轮胎（见图 4－21）等；投掷类玩具可以有沙包、飞盘、飞镖、投篮（见图 4－22）等；弹跳类玩具可以包括蹦床、小跨栏、跳绳、塑胶圈等。

图 4－19 钻爬网

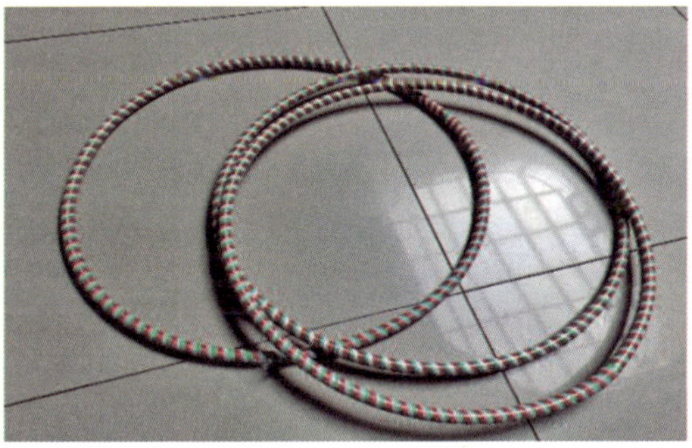

图 4－20 体操圈

图 4－21 轮胎

图 4－22 投篮

精细动作发展方面，可多提供低结构玩具，如纽扣、积木、插塑片（见图 4－23）、木质工具（见图 4－24）等，灵活机动地组合玩具，使幼儿重拾兴趣，避免浪费，有助于动作协调和对事物的初步感知。

图 4－23　插塑片

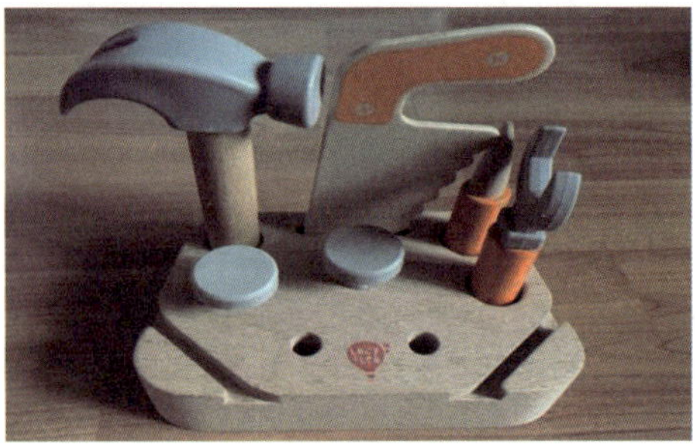

图 4－24　木质工具

（二）认知发展类玩教具

喜欢玩能够分类、装配的玩具，并开始对控制物体和解决问题产生强烈的兴趣，提供合适的玩具不仅可以锻炼幼儿的动手能力，也可以培养其逻辑思维能力。可以选择的玩具有：磁力片（见图 4－25）、需自己装配的玩具、简单的卡片游戏、七巧板（见图 4－26）、串珠等。

图 4－25　磁力片

图 4－26　七巧板

（三）语言发展类玩教具

31 ～ 36 个月的幼儿语言能力发展迅速，因此，可以提供一些有故事情节的阅读类材料，例如，绘本故事书（见图 4－27、图 4－28），丰富幼儿语言储备量，培养观察、想象和思维能力。

图 4－27 《大卫，不可以》绘本

图 4－28 《菲力的 17 种情绪》绘本

（四）情感与社会性发展类玩教具

这个阶段的幼儿处于角色游戏阶段，喜欢围绕“家”的主题开展游戏，所以，可以准备成套的角色游戏玩具，比如，娃娃家玩具（见图4-29）。还可以提供丰富多样的角色人偶或者木偶（见图4-30），丰富角色认知，为培养群体意识奠定基础。

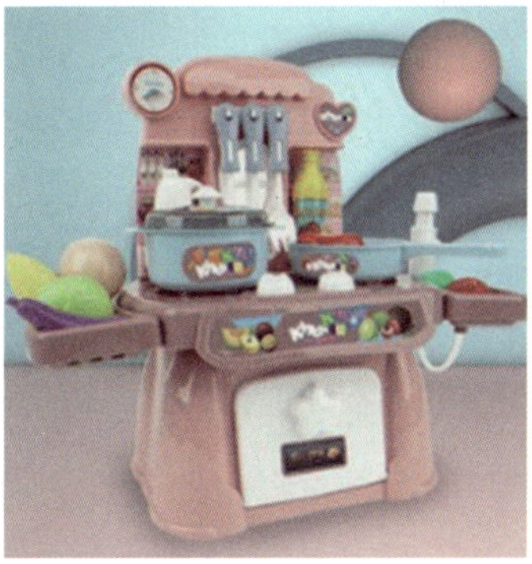

图4-29　娃娃家

图4-30　木偶

（五）艺术启蒙类玩教具

这个阶段的幼儿对线条、颜色都有着较强的兴趣，乐于观察线条、颜色的变化，所以，可以投放线条类、涂色类玩具（见图4-31、图4-32）；在音乐发展方面，能跟随音乐的节奏做相应的动作，还可以配合音乐节奏，所以，可以提供简单的打击乐器（如图4-33、图4-34），培养幼儿的节奏感和音乐美感。

图4-31　手指画线

图4-32　涂色卡

图4-33　打击乐器

图4-34　鼓

三、31～36 个月幼儿游戏活动设计与指导要点

（一）31～36 个月幼儿游戏设计

1. 确定游戏目标

游戏目标的确定，首先需要考虑 31～36 个月幼儿月龄发展特点与规律，如动作发展、认知发展、语言发展、情感与社会性发展和艺术启蒙等方面特点，设计的游戏目标难度要契合本月龄段幼儿发展水平。例如，此月龄段的幼儿能够两脚交替上下楼梯，能系扣子，好奇心强，喜欢问“为什么”、作简单分类比较、玩假装游戏等，那么成人就可以依据幼儿这样的表现，设计相应的游戏，如穿衣游戏、指认物品、打电话、分豆豆等游戏；此外，此月龄段的幼儿开始进入第一反抗期中反抗欲最强的时期，教养者需要注意保护幼儿的“自发性”，可以利用游戏培养幼儿对社会角色的认知，设计合理的游戏目标，如在“娃娃家”“小医院”等角色游戏中，幼儿通过扮演“爸爸”“妈妈”“医生”“病人”等角色与同伴进行社会交往，模仿和体验这些角色平时要做的事情，让幼儿通过角色分工对不同的角色有一定的认知，从而培养幼儿的自我控制能力。

2. 选择游戏形式

此月龄幼儿的游戏设计可以围绕其身心发展的五大类特点设计开展动作发展类游戏、认知发展类游戏、语言发展类游戏、情感与社会性发展类游戏和艺术启蒙类游戏。例如，动作发展类游戏可以以身体的协调性和单脚跳跃为主要内容，设计如“捡球追球”“毛毛虫回家”等游戏；语言发展类游戏可以以学习讲述简单的事情和故事为主要内容，设计如“找朋友”“我会说”等游戏；情感与社会性发展类游戏可以以为幼儿入园做准备、培养与人交往为主要内容，设计“你划我猜”“宝宝懂礼貌”等游戏；还可以结合幼儿的兴趣点设计游戏，例如，“娃娃家”是幼儿非常感兴趣的游戏，教养者就可以设计迷你厨房等游戏；也可以结合不同游戏材料的特性设计不同游戏，例如，根据轮胎滚动的特性，可以设计“开汽车”游戏，幼儿在游戏中感知方位，锻炼手眼协调能力。

3. 设计游戏流程

31～36 个月幼儿的游戏流程和前一个月龄段相同，具体可以包括游戏名称、适宜年龄、游戏目的、游戏准备、游戏玩法和游戏指导。成人应在顺应此月龄段幼儿发展规律和特点基础上，围绕这些方面设计相应的游戏推动其发展。需要注意的是，幼儿生活经验少，在游戏准备方面，可以多提供生活化的游戏材料，一是要丰富幼儿的认知经验，二是要通过对熟悉生活物品的功能“改造”，增加幼儿游戏的热情和兴趣，例如，废旧瓶子装上米粒或者小石子便成为“新型玩具”等。此月龄段幼儿游戏材料的提供还应注意，当材料不能满足当前游戏的需要时，教养者可以适时为其添加新的材料，当原有材料的玩法已为幼儿所熟悉，只是对材料做低水平的重复或者放弃时，成人应提供多

样化的玩法。最后，需要注意游戏指导环节要探索运用多样化的游戏指导策略，如及时提供材料、适当的言语引导、提供范例、共同参与、行为示范、同伴影响等，综合运用多种方法能够使幼儿游戏的时间更持久，使游戏能更有效地发挥作用。[①]

（二）31～36个月幼儿游戏指导

1. 注重亲子情感交流，增加游戏互动积极性

教养者应积极与幼儿互动，多和幼儿一起游戏、谈笑，增进亲子关系。可以和幼儿一直多听、多看、多说，多进行亲子阅读和故事欣赏，主动向幼儿倾诉自己的情感，大方和幼儿分享自己的疑惑或困难，使幼儿能感到父母语言表达的喜怒哀乐情绪；站在幼儿的角度，达到共情体验，积极肯定与支持幼儿的玩耍行为，这有助于幼儿形成正确解决问题的态度，形成良好的情绪情感表达习惯。

2. 依托幼儿日常生活，提供适宜游戏材料

31～36个月的幼儿在游戏中的大部分动作和情节都来源于他们自身的实际生活，因此，教养者在选择游戏内容的时候，可以从幼儿的生活实际入手，提供操作性强的材料，比如，迷你厨房、迷你盥洗室等，这既满足了幼儿爱摆弄的需求，同时在“家”的氛围中幼儿的情绪得到缓解和放松，还能帮助幼儿提前了解社会角色，为他们以后开始社会生活打下基础。

3. 引导幼儿收拾玩具，培养良好行为习惯

对于31～36个月的幼儿来说，主要是培养他们游戏后参与整理收拾玩具、场地的意识。所以，教养者可以邀请幼儿一同收拾玩具，整理场地，此阶段是养成良好秩序的关键期，如果能在幼儿习惯养成的关键时期，重视培养幼儿的良好行为习惯，促进其良好习惯的养成，可达到事半功倍的效果。

（三）31～36个月幼儿游戏案例

1. 动作发展类游戏案例

毛毛虫回家

【适宜年龄】 31～36个月。

【游戏目的】 锻炼手部精细动作及手眼协调性。

【游戏准备】 彩笔或蜡笔若干、画有若干条长方形通道的A4纸若干。

【游戏玩法】 教养者手握彩笔或蜡笔，一边说“毛毛虫回家了”，一边在A4纸长方形通道里画波浪线；带领幼儿一起练习，待幼儿熟悉之后，让幼儿独立尝试。

【游戏指导】 在游戏的过程中，幼儿可能画线的时候会画出长方形通道，教养者要有耐心，并对幼儿的创造性表现及时给予鼓励。

---

① 田腾.0～3岁婴幼儿游戏及其有效性指导［D］.济南：山东师范大学，2014.

我会自己穿衣服

【适宜年龄】 31～36个月。

【游戏目的】 锻炼手的精细动作及手眼协调能力，增加手腕力量。

【游戏准备】 幼儿日常衣服。

【游戏玩法】 教养者拿出准备的幼儿衣服。拿着幼儿的小裤子，让幼儿自己蹬进去，提上去；拿着幼儿的套头外套，帮助幼儿套好头部，让幼儿自己试着把胳膊穿进去；有拉链的外套让幼儿自己拉拉链，有纽扣的衣服让幼儿自己扣纽扣。脱衣服时让幼儿尝试自己拉下拉链或者解纽扣。

【游戏指导】 教养者指导幼儿穿脱衣服要有耐心，让幼儿逐步练习，逐渐学会穿衣服、脱衣服。

2. 认知发展类游戏案例

穿珠子

【适宜年龄】 31～36个月。

【游戏目的】 认识不同颜色并能按照颜色规律穿珠。

【游戏准备】 可穿线的红色、绿色、黄色、蓝色珠子各2～3个，1～2条线绳。

【游戏玩法】 教养者在幼儿面前摆放排列好的不同颜色的珠子，问：“桌子上排列的珠子都是什么颜色?”让幼儿一一回答，然后教养者提示幼儿“根据第一颗珠子的颜色穿珠子”，如是红色珠子就开始穿红色珠子，当红色珠子全部穿完之后，幼儿根据成人的颜色指令穿完其他颜色的珠子。

【游戏指导】教养者提示幼儿穿珠子时拿线绳的技巧，如捏、穿、拉、倒手。待幼儿熟悉玩法之后，教养者还可以发出颜色指令，让幼儿根据指令操作，如先穿3颗黄色珠子，再穿2颗蓝色珠子。

图形棋

【适宜年龄】31～36个月。

【游戏目的】感知线条和几何形状，锻炼专注力。

【游戏准备】一盒五子棋（可用其他棋代替）、一张白纸、一根画笔。

【游戏玩法】教养者在白纸上画出线条，让幼儿用棋子沿线摆放；教养者在纸上画出图形（如三角形、椭圆形、心形等），继续鼓励幼儿用棋子沿线摆放，并尝试说出图形形状。待幼儿熟悉游戏玩法后，可鼓励其按照教养者的指令（如椭圆形）绘制图形，并摆放棋子。

【游戏指导】在幼儿不能马上回答出图形名称时，可以先让其观察，给予合适的提示，待幼儿说出后再继续操作；注意提示幼儿棋子沿线摆放。

3. 语言发展类游戏案例

找朋友

【适宜年龄】 31～36个月。

【游戏目的】 能够勇敢大胆表达，锻炼语言表达能力。

【游戏准备】 幼儿熟悉的日常生活用品。

【游戏玩法】 教养者和孩子面对面坐着（或站着），日常生活用品依次摆放在两人中间，先由幼儿随便挑选一个物品，然后教养者边拍手边念儿歌：“找呀找呀找朋友，找到一个好朋友，它的名字是××。”说对了的一方可以得到“礼物”；然后轮到教养者挑选物品，幼儿拍手念儿歌。

【游戏指导】 每次摆放的物品控制在2～3件，当幼儿表达出现困难时，教养者给予提示，当幼儿说对了要及时给予鼓励。

打电话

【适宜年龄】 31～36个月。

【游戏目的】 培养语言表达能力、记忆力，增强听力。

【游戏准备】 电话机（如果没有，可自制简单电话座机）。

【游戏玩法】 教养者拿出准备好的电话机，和幼儿一起打电话给家人，如打电话给爸爸，鼓励幼儿独立摁数字键，帮助幼儿记住家人的电话号码；还可以玩传话游戏，教养者对着电话筒说一句，幼儿重复一句，如“宝宝，你是最能干的宝贝”。

【游戏指导】 如果幼儿不能熟练说出家人的电话号码，教养者可以将爸爸或妈妈的电话号码写出来，方便幼儿记忆；记忆电话号码和传话游戏的数量、内容可根据幼儿的实际记忆理解能力而定，切不可操之过急，注意引导幼儿多表达。

4. 情感与社会性发展类游戏案例

你比划我来猜

【适宜年龄】 31～36个月。

【游戏目的】 提高观察能力，学会了解他人的需要，感知他人的情绪和情感，培养同情心。

【游戏准备】 幼儿熟悉的一些水果。

【游戏玩法】 教养者不说话，只是做手势来表达自己想要的东西或想要表达的意思，然后让幼儿来猜。比如教养者做打电话的动作，让幼儿猜是什么物品。如果幼儿猜对了，教养者要及时地表扬，可以奖励幼儿一个水果；调换角色，让幼儿做动作，教养者来猜幼儿想要表达的意思或者想要的东西。

【游戏指导】 如果幼儿没有理解动作，教养者可以做些提示，加深幼儿的印象，帮助幼儿理解。一次游戏以猜3～5次为宜。

宝宝懂礼貌

【适宜年龄】31 ～ 36 个月。

【游戏目的】学习基本的礼貌用语，增强人际交往能力。

【游戏准备】镜子。

【游戏玩法】教养者做出打招呼、再见等动作，让幼儿模仿。比如，挥动一只胳膊代表打招呼；手抬起，左右摇摆代表再见。让幼儿在镜子前做这些动作，并了解动作含义。幼儿熟悉这些动作后，教养者可以告诉幼儿这些动作适用的场合，比如，去别人家做客，当我们离开时，要挥手和别人说“再见”。教养者可以故意做错动作，让幼儿来纠正，这样可以加深幼儿的印象，还可以让幼儿获得成就感。

【游戏指导】教养者应多给幼儿提供一些机会和鼓励，帮助幼儿巩固学习成果，对于胆小、害羞不愿表达的幼儿，不必勉强，以免出现因害怕而出现口吃现象。

5. 艺术启蒙类游戏案例

沙子真好玩

【适宜年龄】31 ～ 36 个月。

【游戏目的】乐意涂鸦，感受点、线以及构成图案的变化。

【游戏准备】湿润的沙池或沙盘；小棍子、小耙子、玩沙服。

【游戏玩法】教养者与幼儿都穿上玩沙服，在沙池中，与幼儿一起徒手或手拿小工具，在沙上涂涂、画画或抓抓、挖挖。幼儿画出线条后，教养者可以在上面添画点、线等构成图案，以此激发幼儿创作的兴趣。

【游戏指导】沙池或沙盘要提前整理平整，幼儿画一幅画后可以更换场地或拍照之后再继续操作，游戏结束后与幼儿一起欣赏自己的作品。游戏过程中，避免幼儿用手揉眼或耳。

拉手转圈圈

【适宜年龄】31～36个月。

【游戏目的】锻炼肢体韵律感，感受和谐温暖家庭氛围。

【游戏准备】音乐“Ring Around the Roise”、空场地。

【游戏玩法】教养者（爸爸、妈妈、爷爷、奶奶均可加入）带着幼儿手拉手围成圆圈，一起跟着音乐朝同一个方向走，可以做转圈圈、打喷嚏和摔倒的动作；第二段音乐时，向反方向走，动作可以创新，鼓励幼儿创编动作。

【游戏指导】可以鼓励幼儿跟自己的小伙伴一起玩，还有助于幼儿交朋友。

本章小结

2～3岁幼儿进入口语发展关键期，精细动作发展迅速，情绪发展已经趋向稳定，对周围事物感兴趣，本章主要阐述25～30个月、31～36个月两个阶段幼儿身心发展特点、游戏活动设计与指导要点，结合游戏案例，帮助从业者掌握游戏设计思路，学会为2～3岁幼儿选择玩教具，从而促进幼儿身体和心智发展。

知识拓展

托育机构婴幼儿喂养与营养指南（试行）

24～36 月龄幼儿的喂养与营养要点

1. 合理膳食。

（1）食物搭配均衡，每日膳食由谷薯类、肉类、蛋类、豆类、乳及乳制品、蔬菜水果等组成。同类食物可轮流选用，做到膳食多样化。

（2）每日三餐两点，主副食并重。加餐以奶类、水果为主，配以少量松软面点。份量适宜，不影响正餐进食量。晚间不宜安排甜食，以预防龋齿。

（3）保证幼儿按需饮水，根据季节酌情调整。提供安全饮用水，避免提供果汁饮料等。

（4）选择安全、营养丰富、新鲜的食材和清洁水制备食物。制作过程注意卫生，进食过程注意安全。

（5）食物合理烹调，适量油脂，少盐、少糖、少调味品。宜采用蒸、煮、炖、煨等方法，少用油炸、熏制、卤制等。

2. 培养良好的习惯。

（1）规律进餐，每次正餐控制在 30 分钟内。鼓励幼儿自主进食。

（2）安排适宜的进餐时间、地点和场景，根据幼儿特点选择和烹制食物，引导幼儿对健康食物的选择，培养不挑食不偏食的良好习惯，不限制也不强迫进食。进餐时避免分散注意力。开始培养进餐礼仪。

（3）喂养过程中注意进食安全，避免伤害。不提供易导致呛噎的食物，如花生、腰果等整粒坚果和葡萄、果冻等。

（4）合理安排幼儿的身体活动和户外活动，建议户外活动每天不少于 2 小时。

建议每日食物量参照（24～36 月龄）

餐次安排	母乳喂养	奶及奶制品	鱼畜禽蛋类	谷物类	蔬菜水果类	大豆	烹调类	精盐	水
三餐两点	无	300～500ml	鸡蛋 50g、肉禽鱼 50～75g	75～125g	蔬菜 100～200g、水果 100～200g	5～15g	10～20g	<2g	600～700ml

资料来源：国家卫生健康委办公厅．托育机构婴幼儿喂养与营养指南（试行），2021.

同步练习（赛证热点）

一、选择题

1. 以下不属于 25～30 个月幼儿精细动作发展要点的是（　　）。

A. 幼儿的惯用手已形成，会穿脱简单的衣服

B. 会穿松紧带裤子和解纽扣

C. 能叠放三层积木，可以进行搭建活动

D. 开始学跑步，学习单腿独自站立

2. 幼儿能够认识圆形、正方形、三角形等几何图形是在（　　）。

A. 16～20个月　　B. 20～25个月　　C. 25～30个月　　D. 31～36个月

3. 磁力片、拼图玩具适合（　　）的幼儿。

A. 16～20个月　　B. 20～25个月　　C. 25～30个月　　D. 31～36个月

4.*25～30个月幼儿游戏指导要点包括（　　）。

A. 创设适宜游戏情境，合理搭配游戏材料

B. 顺应个体发展需求，采取相应指导策略

C. 倡导家长积极参与，注重积极有效互动

D. 只需要幼儿自由发挥即可，教师无须过多干预

二、判断题

1. 25～30个月幼儿的动作发展类玩具可以选择球类、攀滑类、钻爬类等玩具，可以大量发展幼儿全身大肌肉的协调性，锻炼双手的小肌肉灵活性。（　　）

2. 幼儿开始进入口语发展关键期，语音逐渐稳定和规范，能够运用多种简单句是在31～36个月。（　　）

3. 对于31～36个月的幼儿来说，要培养他们游戏后参与整理收拾玩具、场地的意识。（　　）

4. 成人可以为31～36个月的幼儿提供简单的打击乐器，培养幼儿的节奏感和音乐美感。（　　）

三、简答题

1. 简述25～30个月幼儿发展特点及游戏指导。

2. 简述31～36个月幼儿发展特点及游戏指导。

四、思考题

1. 结合实践，设计2个适合25～30个月幼儿的动作发展类游戏。

2. 结合实践，设计2个适合31～36个月幼儿的艺术启蒙类游戏。

第五章 游戏观察记录与评价

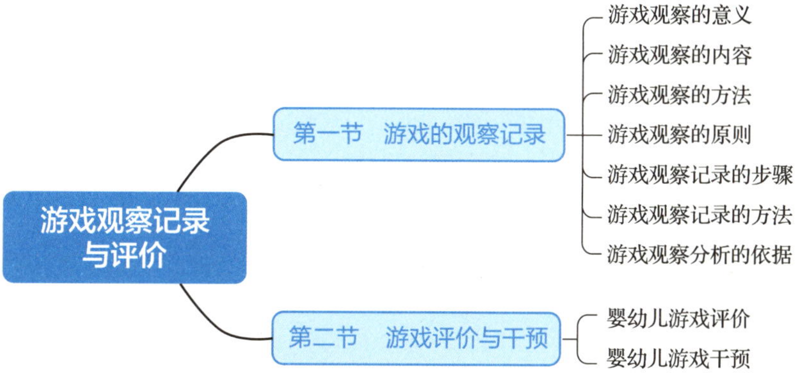

学习目标

知识目标：

1. 了解游戏观察记录的意义、内容与方法；

2. 了解游戏评价的概念、意义，明确评价的方法、原则和内容；

3. 掌握游戏介入的时机和方法。

能力目标：

1. 能运用多种方法客观记录婴幼儿游戏内容，能尝试依据游戏观察记录分析指导游戏；

2. 能在观察的基础上对婴幼儿游戏进行评价和干预，提出组织建议；

3. 选择正确的时机、适当的方式介入婴幼儿游戏，推动婴幼儿游戏顺利进行。

素质目标：

1. 树立正确的教育观、评价观；

2. 获得职业核心力和素质，为适应托育岗位工作做准备；

3. 能积极主动参与婴幼儿游戏观察与评价，培养多角度思考问题的意识。

课前导入

游戏是最受婴幼儿欢迎的活动，也是婴幼儿的基本活动。婴幼儿通过游戏表达意愿、宣泄情绪、展示能力，并借助这种有效的学习方式来促进身体、认知、社会性、情绪情感等的发展。不仅婴幼儿需要游戏，作为婴幼儿托育从业者，更是需要学会观察和理解婴幼儿的游戏，看懂婴幼儿的游戏行为。

提问：你认为婴幼儿游戏应该如何观察？观察目的是什么？

第一节　游戏的观察记录

婴幼儿游戏观察是有目的、有计划、长期的知觉过程，是成人在自然、真实的游戏情境下对婴幼儿行为表现进行感知、记录、分析的过程。

一、游戏观察的意义

在有目的的游戏观察与记录中，可以了解婴幼儿的动作发展、认知水平、社会性发展、兴趣需要及个性发展等，进而有效进行游戏指导、实施教育活动及个别指导。因此，游戏的观察与记录是非常必要的。

（一）游戏观察是了解婴幼儿的重要途径

在游戏中，儿童可以自由地交往，身心处于自然、放松的状态，在此情况下所表现出来的行为最能体现婴幼儿的身心状况和特点，通过游戏观察可以了解婴幼儿认知及社会性发展水平。在游戏的过程中，婴幼儿运用语言与他人交流，运用感知觉、思维、想象等来操作游戏材料并解决游戏中的问题，从而认识世界、发展认知能力。在共同游戏时，婴幼儿通过与成人、同伴交往，学会合作分享、遵守秩序，从而发展社会性行为。游戏在促进婴幼儿认知和社会性发展的同时，也能展现婴幼儿的认知和社会性发展的状况。

通过游戏观察，可以了解婴幼儿的兴趣需要与个性特点。在安全、自由的游戏氛围中，婴幼儿能根据自己的喜好，选择游戏同伴、玩具和材料，对游戏类型和游戏主题持有不同的态度，婴幼儿的兴趣需要和个性特点从中得到充分的表露。成人只要善于观察，就能从游戏中全面、深入地了解婴幼儿。

（二）观察是正确评价婴幼儿游戏的基础

在全面观察婴幼儿游戏过程、了解游戏情况的基础上，成人能够对游戏形成正确的认识，进行积极的评价。通过细致认真地观察婴幼儿游戏，获得大量具体真实的信息，成人可以避免主观评价游戏的好坏，有效掌握婴幼儿游戏活动情况。

在对游戏空间、材料以及婴幼儿表现的深入观察中，成人能够发现游戏中存在的问题，分析原因，弄清婴幼儿游戏过程中所发生的事件，及时发现婴幼儿在游戏中的闪光点，给予客观、有效、积极的评价和引导。在此基础上，调动婴幼儿游戏的积极性，促进婴幼儿的发展。

（三）观察是进行有效指导的前提

有效指导婴幼儿游戏是成人观察游戏的目的之一，在观察中了解婴幼儿的真实游戏水平，有的放矢地帮助婴幼儿获得发展，才能称为有效的游戏指导。把握恰当的介入时机，选择合适的指导方式，实施正确的指导策略，对婴幼儿游戏的发展起着重要作用。成人通过观察发现婴幼儿游戏存在的问题及需要，选择恰当的指导方式介入婴幼儿游戏，能给予游戏能力弱的婴幼儿灵感，促进游戏的延伸。同时，成人要通过观察，把握游戏问题存在的关键，这样能选取材料指引、言语引导或亲身参与等方式，对症下药，利用有效、具体的策略指导婴幼儿的游戏。

（四）观察是改进及预设游戏的重要依据

追求游戏的不断改进与创新，保证游戏的趣味性、新颖性，根据婴幼儿的经验状况和兴趣需要，发挥游戏的娱乐和教育功能是托育从业者的职责之一。

全面的游戏观察可以发现游戏内容、规则、时间、空间、材料及婴幼儿经验上的问题，以此为依据不断调整不足，制订改进计划，保证游戏的质量与创新，推动游戏的进程。例如，在游戏结束时，有些婴幼儿慢条斯理地收拾整理东西，成人需结合平时表现考虑造成此现象的原因是婴幼儿自身性格问题，还是安排的游戏时间不充足，婴幼儿舍不得结束游戏，或是婴幼儿游戏水平不高导致时间不够用等。依据具体原因，改进游戏规则、合理安排游戏时间，或根据婴幼儿喜好、游戏情节的开展、婴幼儿的对话等，在下一次游戏中适当增减材料，预设新的游戏，给婴幼儿合理的支持，以保持婴幼儿对游戏的兴趣，促进婴幼儿游戏水平的提升。

二、游戏观察的内容

（一）婴幼儿行为表现与游戏水平

婴幼儿的行为表现与游戏水平是观察的重点。

1. 婴幼儿行为表现

游戏中婴幼儿的行为表现是婴幼儿身心发展状况的外在反映，包括认知发展、社会性发展、身体发展、情感发展等，主要指对游戏的专注程度、坚持、兴趣和偏好等表现。例如，在游戏中，10～12 个月的婴幼儿逐渐出现一些有目的的动作，会因为没有达到目的而表现出愤怒，会对玩偶或填充动物玩具表现出喜爱和照顾之情，在游戏中表现出更强的独立性，具有保护自己的玩具、不愿意让同龄人摸自己的玩具的意识。这种有目的的行为标志着婴幼儿的自我意识正在逐渐萌芽。

2. 婴幼儿游戏水平

婴幼儿的游戏水平主要包括游戏的常规、游戏的参与性和创造性及与同伴交往等方面。是否能够遵守游戏规则，爱护玩具，收拾并整理玩具；是否主动、乐于参与游戏；是否能创造性使用游戏材料；是否与同伴交往，在交往中属于受邀者还是邀请者；在游戏中的合作水平、组织能力如何。

不同游戏类型中婴幼儿的游戏水平观察侧重点不同。

动作发展类游戏：主要观察婴幼儿身体运动技能发展水平，包括大运动技能和精细动作技能的训练。大动作主要观察婴幼儿头颈部、躯干和四肢等的动作发展情况，如抬头、翻身、坐、爬、站、走、跳、独脚站立、上下楼梯、四肢活动、躯干平衡和姿势反应等。精细动作主要观察手指动作、手眼配合等动作发展水平，如抓握、摆弄、摆动、食指与拇指对捏、穿珠子、搭积木、模仿画线、折纸等。

认知发展类游戏：主要观察婴幼儿感知、记忆、注意、思维和想象等方面能力的发展水平。由于 0 ～ 3 岁婴幼儿的典型思维方式是直觉行动思维，认知教育和动作教育是分不开的，因此观察婴幼儿认知发展类游戏的同时应当注重对婴幼儿感官能力的观察。

语言发展类游戏：需要观察婴幼儿的倾听和辨音、理解词义、口头表达、欣赏阅读等发展，根据 0 ～ 3 岁婴幼儿语言发展水平的特点，语言发展类游戏核心在于观察婴幼儿的倾听与口语表达能力。

情感与社会性发展类游戏：主要观察婴幼儿情绪情感的体验与表达、与同伴游戏交往、社会行为规则理解、集体环境的适应等能力的发展情况。例如，是否会调控情绪、爱护环境、乐观勇敢、分享谦让等。

艺术类游戏：主要观察婴幼儿感受美、表现美、创造美、追求美的能力，主要表现为婴幼儿对音乐、美术、舞蹈等艺术形式的美，是否能接受并引起情感上的共鸣；在接触艺术品时感受与欣赏的能力水平如何等。

（二）游戏环境与时间

1. 游戏环境

杜威认为：“要想改变一个人，必先改变他的环境，环境改变了他自然也就会改变。”良好的游戏环境可以给予婴幼儿适宜的刺激，引导婴幼儿发展，反之会阻碍婴幼儿的发展。游戏空间的大小、安排、边界、标注等因素都制约着婴幼儿游戏的水平和质量。对游戏环境的观察可以参考以下两方面：

（1）游戏环境是否安全、卫生、舒适，是否适合婴幼儿交往。

（2）游戏场地安排是否合理，是否有浪费的地方或过于拥挤；游戏场地间是否有通道，场地间的路线、标注、边界是否清晰合理。

2. 游戏时间

主要观察游戏开始、进行、结束的时间分配；游戏中婴幼儿专注的时间长短。时间是游戏质量的重要保证，可以根据婴幼儿在游戏中持续时间的长短，把握当前婴幼儿的游戏喜好，衡量游戏时间是否适宜，保证婴幼儿充分游戏的时间。

研究表明，在较长的游戏时段婴幼儿才有时间发展出社会和认知层次较高的游戏形式，反之，婴幼儿则会转而进行一些简单形式的游戏。

（三）游戏材料

婴幼儿的游戏过程是婴幼儿与材料、人的互动过程，游戏材料是婴幼儿用来玩的玩具，是婴幼儿游戏的支架，通过观察材料的质量、数量和婴幼儿与材料的互动，可以了解材料是否发挥教育功能。

（1）游戏材料的数量、种类是否满足婴幼儿的需要，有无替代物；

（2）游戏材料是否安全卫生，大小是否合适，有无尖角；

（3）游戏材料是否符合婴幼儿的年龄层次需要及个性差异，婴幼儿的操作方法、熟练程度如何，是否能创造性使用；

（4）游戏中游戏材料的使用频率如何，有无婴幼儿特别感兴趣或不问津的；

（5）辅助性材料的运用及效果如何；

（6）游戏材料更新补充情况如何，是否根据婴幼儿行为特点和游戏情况，及时更新游戏材料，推动游戏主题和情节的发展。

例如婴幼儿在游戏中，需要练习舀、夹的动作时，可以先为婴幼儿提供广口容器、大且深的勺子，然后逐步过渡到窄口瓶、小勺子，且被舀、夹物体的大小形状不同。材料的操作由易到难，从而逐步增加婴幼儿操作的难度，体现材料的层次性，支持婴幼儿的进一步发展，逐步提高舀、夹的精细动作。

（四）游戏主题

游戏主题是成人安排还是婴幼儿自主选择，婴幼儿是否能够理解主题并围绕主题开展游戏；婴幼儿自选的游戏主题是积极健康的还是消极危险的；游戏中有些什么主题，这些主题情节内容的进展情况如何；新主题是怎样产生和发展的。

（五）游戏中的成人

成人是婴幼儿游戏活动的观察者，同时也是婴幼儿游戏的同伴、旁观者、指导者等，对婴幼儿游戏水平的发展具有重要影响，因此，成人的表现也是婴幼儿游戏观察的内容之一。主要从成人与婴幼儿的对话、行动中，观察成人如何引导婴幼儿开展游戏，是否介入婴幼儿游戏，何时介入，以何种方式介入；如何进行游戏总结等。成人介入婴幼儿游戏的时机合适，会增强婴幼儿兴趣、提升婴幼儿游戏经验，反之则会干扰婴幼儿游戏的进展，甚至使婴幼儿失去游戏的兴趣。成人介入游戏的方式可以是在婴幼儿附近玩相同或相近的游戏材料的平行式介入，也可以是与婴幼儿一起玩游戏的交叉式介入，或者是垂直式干预指导婴幼儿游戏。在“投入”游戏材料到“产出”优质的婴幼儿教育的过程中，离不开成人的支持和指导。

三、游戏观察的方法

从时间、地点、人物、事件四方面考虑，可以将婴幼儿游戏的观察方法分为以下几种。

（一）时间：时间取样法

时间取样法也叫时间抽样法，是指在预先确定的时间段里观察记录确定的游戏行为是否发生，发生的次数以及持续的时间，观察者需要每隔一段相同的时间做记录，且必须严格遵守事先规定的观察时间，注重在规定时段中预定的行为呈现。例如，想观察记录托育机构中婴幼儿对游戏材料的选择有无性别差异，准备从上午 10 点到 10 点 30 分（共 30 分钟）对不同类型的游戏材料进行观察，则按照需要和预设每隔一段相同的时间（10 分钟或 5 分钟）轮流观察班级的动作发展类、认知发展类、语言发展类、情感与社会性发展类、艺术启蒙类游戏等游戏材料的使用情况，分别记录其中男孩和女孩的人数，了解不同性别婴幼儿对游戏材料的选择情况。为了使结果更准确，可以在一周内，反复此观察过程三次。时间取样法的优点主要在于观察研究目的明确，省时高效。

（二）地点：定点观察法

定点观察法也称定点不定人法，指在游戏过程中，观察者固定在某一地点观察，记录所有进入该地点的婴幼儿表现情况的一种方法，此法适合于了解一个主题或一个类型婴幼儿游戏的多方面情况。例如在游戏活动进行时，为了解艺术类美术游戏材料及婴幼儿游戏行为，观察者固定在美术游戏材料操作区域处进行观察。

定点观察法的流程具体如下：

（1）在游戏开始时，固定到需观察的区域，即“定点”，即使该区域的婴幼儿离开也仍然在该点观察，只要来此点的婴幼儿都可以作为观察对象。

（2）观察婴幼儿的游戏行为、语言、表情，如婴幼儿说了什么，做了什么，有什么动作表情，对活动的兴趣怎么样，专注程度如何，如何交往，等等，记录要全面、谨慎、客观。

（3）成人可以在婴幼儿游戏过程中，边指导婴幼儿游戏，边做现场观察。

（4）用实况描述或事件抽样的方法进行记录。如果当时无暇记录，或是时间不允许来不及详尽描述，可以采用摄影或拍照的方法，将观察重点记录下来，事后凭记忆和照片、视频等资料将观察到的情况追记下来，并加以整理完善。

通过定点观察可以了解游戏情节的发展以及婴幼儿在游戏中使用材料的情况、交往情况、兴趣点等动态信息，观察者能从中较为系统地了解某一事件发生的前因后果，便于了解婴幼儿已有的经验及婴幼儿在游戏中的种种表现，从而保证游戏指导评价的针对性、客观性，避免指导的随意性和盲目性。

（三）人物：扫描观察法与追踪观察法

1. 扫描观察法

扫描观察法也称时段定人法，即观察者在相等的时间段里对观察对象依次轮流进行观察。一般在游戏开始和结束的时候运用较多，适合于粗线条地了解全体婴幼儿的游戏情况，如可以掌握游戏开展了哪些主题，婴幼儿选择了哪些主题，扮演了什么角色，使用了哪些材料等一般行为特点。

扫描观察法的流程具体如下：

（1）通常采用表格记录观察，观察者可根据所要观察的内容、项目预先设计好观察表格；

（2）确定观察对象和顺序；

（3）实施观察活动，对观察对象进行有序观察，用统一的方式进行记录，根据观察到的游戏情况直接在表格里做出标记；

（4）分析观察记录，把握游戏场地的利用率和婴幼儿的兴趣爱好，从而为调整游戏主题和内容，合理安排游戏活动提供依据。

扫描观察法简便易行，可重复使用，便于进行前后对比，有很强的实用性。如表 5－1 可用于对婴幼儿游戏中的社会性水平的观察与记录。

表 5－1 婴幼儿游戏中的社会性水平观察记录表

（在符合婴幼儿情况的栏目下“√”）

婴幼儿社会性水平							
序号	姓名	性别	无所事事	旁观	独自游戏	平行游戏	备注
1							
2							
3							
4							
5							
6							
7							
…							

资料来源：李生兰 . 学前教育学［M］. 上海：华东师范大学出版社，2006.

2. 追踪观察法

即定人法，观察者根据需要确定 1 ～ 2 个婴幼儿作为观察对象，相对集中地观察他（们）在游戏活动中的各种情况，固定人而不固定地点，成人可以自始至终地观察，也可以就某一时段或某一情节进行观察。追踪观察法是婴幼儿亲子游戏观察中常用的方法。

追踪观察法的流程具体如下：

（1）在婴幼儿自由游戏情景中观察儿童真实的全游戏状态。

（2）婴幼儿走到哪成人跟到哪。

（3）采用实况记录的方法记录。用图示将观察路径记录下来，用实况描述的方式，将所看到的婴幼儿游戏全过程活动情况，尽量完整详细地记录下来，同时在记录时可适当加入观察者的评述分析和对策。

追踪观察法有利于托育机构照料者了解个别婴幼儿更全面翔实的信息，从而确定游戏发展水平，加强个别指导。

（1）记录要观察的婴幼儿游戏行为和内容。

（2）观察记录婴幼儿所说的话，保留原始对话的情景。

（3）记录时保留游戏情节发展的顺序。

（4）记录应客观准确。

（5）避免主观猜想臆断的内容，观察到什么、听到什么就记录什么，记录时不要出现“也许”“大概”“可能”“估计”“我想”等推测的字眼，记录必须客观，避免主观。

（四）事件：事件取样法

“事件”是事件取样法的关键线索和核心。事件取样法是选择一个事件作为观察目标，记录事件发生的来龙去脉，包括说明事件发生的前因后果等详细信息。事件取样法不受时间间隔和时段规定的限制，在自然情景中一旦所要观察的行为或事件出现，便立即进行记录，注重的是特定行为或事件的全过程，关心的是行为如何发生、如何变化、结果如何等，既注意观察行为本身，又注意行为发生的背景和环境，能研究任何行为。事件取样法常被用来观察婴幼儿的反社会行为，例如发脾气、攻击行为等。

比如某婴幼儿的攻击性行为比较频繁和突出，具有典型性，成人可以采用事件取样法记录，重点关注该婴幼儿在发生冲突时的表现，如语言、肢体动作和表情，观察者可以选择该婴幼儿在不同场合的攻击行为的表现，内容围绕以下问题观察：该婴幼儿和谁冲突？是谁主动发起的冲突？该婴幼儿是在什么情况下发起攻击性行为的？语言攻击几次？身体攻击几次？持续多长时间？结果如何？

事件取样法只选取某个行为进行观察，不规定观察时间，省时省力，但却因只观察特定的行为和事件，容易忽略其他资料，不能使人了解孩子行为的全貌。

四、游戏观察的原则

为了获得婴幼儿游戏的准确信息，观察者应该遵循以下几个原则：

（一）目的性

观察应该有明确的目的性，应该清楚需要观察的内容，确定观察对象、目标。同时在有目的的观察中，进一步引导婴幼儿在游戏中逐渐掌握社会规则和交往技能，提高游戏水平，学会独立解决冲突等。

（二）客观性

游戏观察应该在保证物质条件充足、环境适宜的前提下进行，以保证游戏过程中的客观性。例如要保证婴幼儿游戏材料与时间适合、充足，婴幼儿的游戏行为才能得到重复体现；应在婴幼儿彼此熟悉且熟悉环境后才开始对婴幼儿进行观察，若在不熟悉的环境中进行观察，可能会低估婴幼儿真实的游戏能力。

（三）系统性

游戏观察包括制订观察计划、选择观察方法、整理与分析游戏观察结果等步骤，是一种系统性、全面性的观察。同时对婴幼儿游戏的观察尽可能是室内与室外游戏观察相结合，有些婴幼儿室外游戏行为和能力高于室内游戏水平。室内游戏与室外游戏对婴幼儿的发展同等重要，有研究表明，只有 10% 的照料者主动利用婴幼儿已有的户外大型玩具进行有意识的体能运动指导，更多的是停留在婴幼儿已有的运动水平上的机械重复。

（四）持续性

游戏观察是一个持续的过程，对婴幼儿的观察伴随着他们的一日生活随时随地发生；为保证记录婴幼儿游戏的典型性行为，切忌以某一次的游戏表现而否定婴幼儿能力。

五、游戏观察记录的步骤

（一）制订观察计划

进行婴幼儿游戏观察，需要制订严密的观察计划，包括确定观察目的，明确观察内容、观察对象范围和数量、观察方式、观察设备和记录手段等。

确定观察目的，即在观察前必须明白“为什么而观察”，观察的目的可以源于教育计划或内容、上次婴幼儿游戏表现存在的问题、不同的游戏类型、各年龄段婴幼儿游戏发展的重点等。在对观察对象的选择中，通常情况下托育从业者可以根据需要选取全班婴幼儿共同观察或系统性地观察每个孩子 2 ～ 3 次。根据情况选择观察重点，确定观察内容，主要包括对游戏主题、材料行为习惯以及游戏中的婴幼儿与同伴、角色及材料的关系等。

（二）选择观察方法

游戏观察的方法是多种多样的，一般来说，观察者可以从时间、地点、人物、事件、游戏行为几方面考虑，结合观察需要、每种方法的优缺点和观察的重点，选取适合的一种或多种方法进行游戏观察。

（三）整理与分析游戏观察结果

对游戏观察结果的分析可以帮助成人了解婴幼儿游戏现状及存在的问题，并进行归纳总结，以便做出正确的判断及有效的指导，促进婴幼儿游戏的深入开展。整理与分析观察游戏结果时应考虑游戏空间、游戏时间、游戏材料、游戏主题、游戏态度等因素。

六、游戏观察记录的方法

不同的观察内容和方法，采用的记录方式是不同的，使用中要因具体情况而定，婴幼儿游戏的记录方法一般有实况记录法、表格记录法、图示记录法、摄像记录法等。

（一）实况记录法

实况记录法是指用语言文字真实记录儿童游戏或游戏中发生的情况及事件。实况记录法在追踪法、定点法等观察法中运用较多，可以在游戏进行过程中直接记录，也可以在游戏结束之后通过回忆描述游戏过程中发生的事件。实况记录法的不足之处是有可能遗漏游戏中的重要信息。

（二）表格记录法

表格记录有两种形式，一种是行为核对表，另一种是等级量表。常与扫描观察配合使用，它简便易行，且可以重复使用，便于前后比较，看起来也方便、直观。

1. 行为核对表

行为核对表需要成人在观察之前列出婴幼儿在游戏中需要观察的行为，并以表格的形式呈现，在婴幼儿游戏中核对行为呈现与否，当出现此项行为时就在该栏目上做记号。运用行为核对表进行的游戏观察比较系统，记录时快捷、方便，也能详细地观察婴幼儿在某类游戏中的行为表现，如可通过表 5－2 核对婴幼儿在角色游戏中的游戏行为。

表 5－2　婴幼儿角色游戏观察记录表

婴幼儿姓名：　　性别：　　年龄：　　记录时间：

游戏行为描述	是	否
能和同伴商量决定角色		
能以物代物（如利用小椅子当火车）		
能根据自己扮演的角色特征进行游戏（如扮演理发师时，能通过语言、动作等体现理发师的特征）		
在游戏情景中能展现日常生活经验（如在医院的就医流程）		
遇到困难时不放弃游戏，想办法解决		
会主动邀请同伴跟自己玩或主动寻求他人帮助		

续表

游戏行为描述	是	否
只喜欢独自游戏，对其他孩子很少或没有兴趣		
游戏中会模仿其他孩子		
会正确使用和爱护玩具		
游戏中出现攻击性行为		
游戏中态度积极、兴致很高		
能主动收拾整理材料		
……		

2. 等级量表

等级量表与行为核对表相似，两者都关注特定的游戏行为，记录信息方便，但是等级量表不仅限于简单揭示行为的出现或未出现，观察者还要对出现的行为所达到的水平进行评定，以等级的形式呈现，从而判断其水平或质量的高低，此方法可以用于评价那些难以量化的游戏行为及其品质等。等级量表划分等级的方法方式有“差，一般，好”“有待改进，良好，普通”“完全不符合，不符合，一般，符合，非常符合”等三等或五等的划分方法，还有使用打分的方法来量化，如用“-1，0，1”或“-2，-1，0，1，2”等代表不同的等级，究竟采取哪一种等级量化的方式，要根据实际情况来确定。

等级量表易学易用，但是该量表中的等级评定尤其要实事求是，找到切实可靠的依据，否则容易出现偏颇，甚至出错，因此需要成人在长期观察中积累材料，提高判断的准确性。此外，在等级量表法中会经常出现对熟悉的人的评价高于他们应得的等级的倾向，避免特别高或低的等级的倾向，以及让不相关信息影响评价的倾向等问题。避免这些错误的最好方式，就是在一开始观察时就控制这些因素，给每一个等级制定出明确的操作定义，例如在对婴幼儿是否正确使用游戏材料的观察中“非常满意”的操作可以这样定义：“能够轻拿轻放不损坏材料，能迅速找出合适的游戏材料来进行相应的游戏，使用后能有意识地收集整理并且放回原处。”

（三）图示记录法

图示记录法是指观察者用符号或图形方式来记录所观察的结果的方法。在观察记录中，文字记录由于记录速度慢，有时会使数据记录不全，而图表记录的主要优点在于快速、直观、系统性强，恰巧弥补了文字的不足。例如，游戏场地的布局是否合理，用一个平面图或符号就可以直接把全貌描绘出来，记录简单方便。

（四）摄像记录法

摄像记录法是指用摄像机、数码相机、手机等作为婴幼儿游戏观察记录的手段，将具有代表性、典型性的资料拍摄下来，以扩大观察的广度和深度。

其优势如下：

（1）运用摄像设备可以保证系统观察的时间。在托育机构中，摄像设备可以指向婴幼儿游戏的某个位置并记录游戏的过程，而在此期间照料者可以同时观察其他婴幼儿游戏，无须给予设备特别的关注，录像视频可以回放，便于照料者重温。

（2）摄像记录比成人直接观察更能提供游戏行为的细节。摄像记录可以清楚地展示婴幼儿在游戏中使用的材料、婴幼儿之间的互动、婴幼儿在游戏中的语言体态等。

（3）成人可利用重温录像视频的机会，评价和改进自身参与婴幼儿游戏的技能，提高与婴幼儿互动的能力。

七、游戏观察分析的依据

游戏的世界是一个真正的童心世界，婴幼儿游戏行为折射着婴幼儿的情感、个性、经验和智慧，游戏也因此被看作反映婴幼儿心理的窗户，是衡量婴幼儿发展的标尺。没有记录和分析的游戏观察是一种“伪观察”，是没有意义的，只有在科学、有效的游戏观察基础上，合理分析游戏，才能促进婴幼儿身心健康发展，才能促进托育服务工作者的专业成长。分析婴幼儿游戏观察结果主要依据以下三个方面：

（一）婴幼儿身心发展的年龄特点

照护者对婴幼儿游戏行为进行分析时，必须以婴幼儿的身心发展规律和年龄特点为依据，这样才能做出符合其年龄段婴幼儿游戏水平的结论，这样的结论才是合理、有效的，且能够成为指导婴幼儿行为的依据。

（二）个体差异

对游戏结果的分析，需要成人关注婴幼儿的个性差异。正如世界上没有两片相同的树叶一样，每一个婴幼儿都是有差异的，除了遵循身心发展的一般规律之外，他们还有自身的个性特点，自身的发展速度快慢、性格、气质、能力、情感、态度、需要等方面都是存在差异的。因此，成人对观察结果进行分析时，还要紧扣婴幼儿发展的个性差异，切不可一刀切。

（三）客观准确的观察记录

客观准确的观察记录是游戏分析的前提和基础，如果观察记录是成人凭空猜测的，或记录有失真实，对游戏结果的分析也将失去价值。在丰富的游戏材料区，孩子们每天都玩得特别高兴；在拥挤的游戏区总是“战争”不断……这诸多的游戏情况都是成人通过认真观察所了解的。

在婴幼儿游戏的观察与分析中，必须依据事实，客观分析，进而更好地了解婴幼儿，发现影响婴幼儿游戏的因素，找出切实可行的指导策略，为婴幼儿游戏提供适切的帮助。

实例分析

婴幼儿游戏观察记录案例
瓜瓜套杯子

观察时间：×× 年 ×× 月 ×× 日

观察地点：家中

观察对象及年龄：瓜瓜（2 岁 3 个月）

观察目的：观察瓜瓜在游戏中的手部精细动作发展及问题解决能力情况

游戏实录：

瓜瓜准备将橡皮筋套在一个塑料杯子的杯身上。她先把杯子放在地上，然后双手将橡皮筋拉开，接下来她要把橡皮筋往杯子上套，结果橡皮筋一碰到杯子，杯子就往一边移动。尝试了两次后，没有成功。瓜瓜有点着急，但还是继续往杯子上面套。一不小心，杯子被碰倒了；又一不小心，瓜瓜的一只手放开了橡皮筋，橡皮筋中的一段直接弹到了瓜瓜的小手上，她哇哇大哭起来。妈妈全程观察着瓜瓜的一举一动，但是一开始并没有打断瓜瓜的游戏，见她哇哇大哭起来，于是蹲下来抱住了瓜瓜，给她擦干了眼泪，摸了摸、看了看被弹到的小手，发现小手并没有什么问题。妈妈发现瓜瓜失败的主要原因是杯子会移动，于是妈妈安慰瓜瓜道："宝贝，妈妈抱一下，你是不是还想套上去？"瓜瓜点头，妈妈继续安慰："那这次妈妈跟你一起套好不好？"瓜瓜眼含着泪水，但是很明显，她的情绪稳定了很多。这一次，妈妈帮瓜瓜扶稳杯子，瓜瓜一下子就把橡皮筋套上了，然后一个接一个套了很多个橡皮筋，瓜瓜开心得大笑起来。这个时候妈妈趁机对瓜瓜说："你看吧，妈妈知道你行的。"

游戏解析：

瓜瓜是一个 2 岁 3 个月的小朋友，不管从手部力量还是从问题解决能力上来说，完成套杯子的任务都不是件容易的事情，所以刚开始尝试时遭遇失败也是有可能的。而这个年龄阶段的孩子其实很想证明自己是很厉害的，一旦遭遇失败都会很失落甚至是哭泣。

如果照料者没有仔细观察孩子的游戏，不能发现孩子在游戏中的具体表现，又抓不到问题的症结所在，就很容易认为孩子是因为耐心不够、能力不行或者是受伤等原因导致游戏行为中止，因此很难平复孩子的情绪，更不用提帮助孩子继续游戏，促进孩子问题解决能力的提高以及成就感的培养了。案例中的妈妈全程观察孩子的游戏，抓住了问题的关键，既能够安抚哭泣中的瓜瓜，还能帮助瓜瓜建立自信心和成就感。可见观察是游戏指导的前提和基础。

资料来源：林静，郝柯羡，王辉洪 .0～3 岁婴幼儿玩具与游戏［M］. 长沙：湖南教育出版社，2021.

第二节　游戏评价与干预

评价是客观了解婴幼儿的有效途径，干预是游戏管理的重要手段。评价和干预作为了解婴幼儿、影响游戏质量和游戏效果的重要环节，显然已成为婴幼儿托育理论和实践工作者共同关注的重要研究课题。0～3岁的婴幼儿年龄小且处于身心发展的快速阶段，他们的游戏过程必然需要成年人的参与，由于他们游戏开展过程中存在许多不稳定性、多变性和偶然性，进行评价和干预是一项具有挑战性的任务，为充分发挥游戏功能，促进婴幼儿身心全面发展，教养者应掌握并实施正确的游戏评价，并进行适宜、适时、适度的干预。

一、婴幼儿游戏评价

（一）婴幼儿游戏评价的界定

在既往论著中，没有关于“婴幼儿游戏评价”的统一概念。评价广泛运用于各个领域，针对“评价”一词，美国学者格朗兰德用一个公式阐述评价的概念，认为评价＝测量（量的记述）或非测量（质的记述）＋价值判断①，评价是一种价值意义的判定活动。基于该评价公式，婴幼儿游戏评价是对婴幼儿的游戏活动从质或量方面收集客观的信息并进行价值判断的过程，它涉及游戏活动本身的诸多要素以及婴幼儿在游戏中的发展和变化。所以，婴幼儿游戏评价，一方面是理性分析婴幼儿游戏活动的多个方面，对婴幼儿游戏活动本身相关诸多要素进行评价，包括游戏的设计、游戏的准备、游戏过程、环境和材料、游戏质量和效果；另一方面是对婴幼儿的发展和变化进行评价，包括婴幼儿的游戏水平以及在游戏中表现出的认知水平、语言水平、情绪情感水平等身心发展水平。

（二）婴幼儿游戏评价的意义

对婴幼儿游戏进行评价，有利于教养者更好地了解婴幼儿的游戏，制订和修改下一步的游戏计划，提高教养者在婴幼儿游戏设计、组织和指导方面的能力，为发展相对滞后或是能力发展不均衡的婴幼儿实施游戏干预，促进婴幼儿持续、全面的发展。

1. 有针对性地促进婴幼儿的发展

婴幼儿的游戏活动是婴幼儿探索世界的重要途径，通过游戏活动，婴幼儿能获得认知经验，体验良好的情绪，发展身体各种能力，习得社会交往技能，获得自我创造和实

① 格朗兰德．教育测量与评价［M］．郑军，译．石家庄：河北教育出版社，1991：321－337.

现的满足感。通过游戏评价，教养者能获得婴幼儿当前的身心发展的大量信息，依据其身心发展规律，客观准确地判断婴幼儿当前的身心发展水平达标情况，从中明确当前婴幼儿的个别发展需求和问题，将这些个别差异作为下一步提供指导的依据，确定好近期的发展目的，及时改进和调整游戏，给予婴幼儿更恰当的支持，有针对性地实施个别化教育，使每一位婴幼儿得到有效的指导，进一步促进婴幼儿全面和谐发展。

2. 提升婴幼儿的游戏水平

婴幼儿的游戏水平和他们的身心发展水平一样，他们的游戏动机、表现、状态等有着一系列的发展历程，如从行为重复、情节单一、动作重复、专注度低、不能遵守游戏规则，逐渐向玩法多样、情节丰富、有角色意识、有一定坚持性、开始遵守规则等发展。通过游戏评价，教养者能从结果反馈中判断婴幼儿的游戏水平是否达到其月龄应有的水平，检验游戏的实施效果，了解游戏目的达成情况，对游戏水平滞后的婴幼儿及时采取指导措施，提升婴幼儿的游戏水平。同时，游戏评价是为推动高质量游戏的延续打基础，评价中多选用正面评价激发婴幼儿参与游戏的兴趣和积极性，巩固其游戏中获得的积极情绪体验，不断强化和调节婴幼儿的游戏，逐步完善婴幼儿的游戏水平。

3. 提高游戏质量

在婴幼儿游戏中，教养者作为游戏的必要的支持者、组织者和引导者，要想方设法地提高游戏质量，改善游戏效果。通过评价，能够发现游戏计划中可能存在的缺陷，诊断游戏的实际效果，探究处理方法和指导策略，不断调整和优化游戏的设计、组织和实施方式，最终提高游戏质量。

4. 不断促进教养者的专业成长

婴幼儿游戏评价是教养者专业成长的阶梯，通过评价，能了解游戏目标的达成情况，在游戏中教养者与婴幼儿的互动状态，教养者的设计、组织和指导技能，环境创设的有效性等。教养者持续性地参与评价游戏，从评价反馈中不断自我反思、探究和学习，积累经验，树立正确的儿童观和教育观，提高自身游戏设计和指导能力，促进教养者育儿专业能力提升，激励教养者的专业成长。

（三）婴幼儿游戏评价的类型

评价的类型多种多样，且各有特点，在实际运用过程中，这些评价类型之间的关系十分紧密，在评价过程中交叉并存，相互配合。[①] 对婴幼儿游戏进行评价一般可以采用以下几种评价类型。

1. 自我评价和他人评价

根据游戏的评价主体，可分为自我评价和他人评价。自我评价是指参与者主体对自己在游戏中的行为表现进行自我判断。在婴幼儿游戏评价中，参与者主体既有婴幼儿，也有教养者，因此自我评价有教养者角度的自我评价和婴幼儿角度的自我评价。比

---

① 黄瑾. 幼儿园教育活动设计与指导［M］. 上海：华东师范大学出版社，2007：185.

如，托育从业者对自己设计的游戏或自己在游戏中组织指导行为进行积极、自觉的反思，探究已经出现的问题；婴幼儿对自身在游戏活动中的表现进行评价。婴幼儿在游戏中占绝对的主体地位，他们在游戏中的兴趣、态度及情绪状态就能体现出游戏效果，他们的喜好和感想就能反映游戏质量，因此他们自我评价不从具体的事实出发，具有主观色彩。

他人评价是除评价对象之外的其他人来实施游戏评价，在婴幼儿游戏评价中具体体现为托育科研人员评价、托育从业者评价、托育机构同行评价、照料人评价等。实际上，他人评价更为客观，评价者会依据一定的评价标准，以收集到的真实信息为基础，实事求是地进行价值判断。他人评价有助于更好更具体地完善游戏活动，促使游戏功能实现和落实。

需要注意的是，由于婴幼儿认知水平的限制，他们的自我评价依赖于他人对他们的评价，在他人评价中不断形成对自己的认识，因此在评价婴幼儿时要注意多使用正面、积极的语言，避免使用消极的语言。

课堂互动

他人评价的语言

妈妈与1岁的小恩一起玩“指图作答”，妈妈问一些与图书内容相关的问题，小恩虽然不会说话，但是他会用手指在图中指出相关的事物作答，小恩多次指错图后，妈妈对小恩说“你真笨呀，这都不会”。

你觉得小恩妈妈这样评价小恩正确吗？

2. 诊断性评价、形成性评价和总结性评价

根据评价的功能和运行时间，可分为诊断性评价、形成性评价和总结性评价。在游戏前进行的用于预测的评价是诊断性评价。在游戏前实施诊断性评价，能初步了解婴幼儿当前的生长发育水平或游戏水平，并做出婴幼儿行为表现的预判，同时评估游戏的计划和准备情况，为之后有效解决游戏中某些实际问题提供依据。在游戏过程中进行的对婴幼儿游戏进展的评价是形成性评价，评价者在游戏中持续地观察、判断婴幼儿在游戏中的情感、态度、个性与社会性等的变化，是一种动态评价，能及时获得有效信息，随时随地把握儿童的需要，鉴定游戏的进展，以便及时调整游戏，进一步促进婴幼儿的发展。在游戏活动结束后或者游戏进行了一个阶段后进行的具有总结性和概况性的评价是总结性评价，实施总结性评价能全面了解到游戏实施的效果，测定目标实现的程度，从反馈信息中积累经验，为后续组织和指导游戏提供参考依据。

3. 正式评价和非正式评价

根据实施评价的正式程度，可分为正式评价和非正式评价。正式评价是有计划、有

目的、有准备、有针对性地评价婴幼儿的游戏，一般采用量化的方式开展评价，比如，为了促进婴幼儿精细动作的发展，评价者有计划地使用科学的量表，对婴幼儿在游戏中抓握玩具情况进行评价。非正式评价是在观察的基础上，伴随着与婴幼儿的交流、互动，并作记录，不断地了解他们的表现，无意之间形成对婴幼儿某种判断。非正式评价一般难以量化，具有较大的主观性。

观察法就是一种非正式的评价模式。在本章第一节已经详细介绍了婴幼儿游戏的观察，观察实际上是一种被广泛使用的评价方法，通过观察可以获得大量真实的、客观的事实基础，为下一步的指导、调整游戏等打下基础。在不同情境下反复观察，对获得的结果进行分析得出的结论更有价值。该方法实施便利，操作相对简单。

另外，游戏后对婴幼儿的访问也是一种非正式的评价方式，从婴幼儿的回应中，能了解婴幼儿的真实想法，获得反馈信息，发现存在的问题，对于不会说话的婴幼儿，可以在提问后将婴幼儿的表情、动作视为他们的回答。例如，3 月龄的宝宝在玩了“小手藏起来”的游戏之后，教养者做出小手藏起来的动作问宝宝“还要不要玩小手藏起来”，宝宝会高兴地发出叫声、扭动身体、挥动手脚，这就是宝宝的回答。

4. 定量评价和定性评价

根据评价时的参照体系，可分为定量评价和定性评价。定量评价在婴幼儿游戏评价时参照科学的量表，按照量表中的评价标准进行客观描述和评估，最后将量表中的数据进行数量化的分析和计算后，做出价值判断，这样的评价精确、具体，有助于降低评价的主观性和模糊性。使用定量评价时，量表可以自行编制，但要注意信度和效度的检验，也可以选用现成的婴幼儿游戏评价的相关量表。针对 0 ～ 3 岁婴幼儿，可使用的婴幼儿游戏量表有高尔登和库特勒尔《游戏发展进度量表》（见附录 1）以及《婴幼儿发展观察评价表》（见附录 2）等。

定性评价是对评价对象的平时表现、状态进行观察、分析、归纳和评定，以说明评价对象的性质，定性评价需要评价者具备相关知识，将收集到的各方面信息与内心的知识经验比对后下结论，它比定量评价简便易行，但缺乏数据支撑，有较大的模糊性和主观性，也难以检验结果的有效性。

评价者只有将多种评价类型结合，评价的功能才能得到更好的发挥，在评价的过程中，评价者可以根据实际情况来选择几种适当的评价类型，综合地实施婴幼儿游戏评价。

（四）婴幼儿游戏评价的原则

1. 科学性原则

在婴幼儿游戏评价实施中，应始终坚持客观、公正、实事求是的态度，尽量避免随意夸大事实，收集相关信息时，保证信息的全面性和准确性，以婴幼儿的身心发展规律为依据，采用科学、合理的方法、手段、工具进行评价，切勿将个人的主观经验、直观感受和个人喜恶作为评价的唯一标准，随心所欲地评定和判断。

2. 发展性原则

教养者对婴幼儿游戏进行的评价往往伴有目的性，且目的比较明确。婴幼儿游戏评价的根本目的是支持和促进婴幼儿身心发展。在婴幼儿游戏评价的实施过程中，要将发展作为出发点和归宿点，从发展的角度出发，观察和评价婴幼儿的游戏，用发展的眼光不断调整和优化游戏，提高游戏质量，最大化发挥评价的功能，最终促进婴幼儿身心全面发展。

3. 形成性评价和总结性评价相结合原则

在游戏评价中不仅要关注游戏的效果，更要关注婴幼儿在游戏过程中的行为表现，要将注重过程的形成性评价和注重结果的总结性评价相结合，才能实现综合、客观地评价婴幼儿游戏。由于婴幼儿的行为带有动态性、偶然性、随意性、不稳定性，要动态地去评价婴幼儿游戏，将多次形成性评价获得的信息材料作为基础，最后与总结性评价方式相结合，才能得到更有价值的结果。具体实施婴幼儿游戏评价时，要通过多次观察，对婴幼儿在不同游戏情境中的参与态度、材料操作、动作发展、互动交流等方面的状况做出价值判断，最终对该游戏功能的实现情况做出概括性评价，获取调整和改进游戏的依据。如通过“鼻子在哪里”游戏来评价婴幼儿，要多次观察婴幼儿在不同情境下玩此游戏时的手部精细动作水平、情绪情感变化、与教养者的亲密度等，最后总结该游戏的结果，判断婴幼儿能否感受、认识自己的五官。

4. 定性评价和定量评价相结合原则

每个婴幼儿都是独立的个体，在月龄、知识基础、能力水平、兴趣、情感、个性、社会性等方面都有差异性，考虑到婴幼儿作为独立个体的发展需要和潜力，不能片面地、一味地用同一个标准进行量化评价，要尊重婴幼儿的个别差异性，多次观察并分析婴幼儿在游戏中的行为表现后再下结论。而且，在现实的评价工作中，有些评价内容可以量化，有些不能量化或难以量化，因此需将定性评价和定量评价结合起来。

5. 全面性原则

首先，在实施婴幼儿游戏评价时，评价的内容要全面，影响婴幼儿游戏的因素很多，要全面地去看待，从各个角度做评价分析。其次，评价幼儿的发展状况时，不能仅片面地考虑某一方面的发展，要评价婴幼儿身心各个方面的整体发展水平。再次，家长面对的是自己的孩子，游戏评价时可能只针对婴幼儿个体进行评价，但托育机构实施游戏评价时，要全面评价婴幼儿群体的发展；最后，要全面使用评价方式，将多种评价方法相结合，以便收集各种相关信息，既可以通过日常生活的观察、记录、交流等多种方式获取信息，也可以在某一个计划好的时间段内通过量表等获取信息，在不同情境下反复观察，摒弃主观看法，考虑多方面因素，在全面了解、充分收集多方面信息的基础之上进行分析和总结，再做出恰当的评价。

课堂互动

果果玩积木

妈妈给果果买了积木，果果对五颜六色的积木十分感兴趣，开始一个人在地毯上玩积木。妈妈见果果很认真地把积木平铺在一起，说："果果好棒啊。"没多久，果果开始把积木一块一块地堆起来，越堆越高，然后推倒，推倒的积木散落在地上，滚得到处都是，妈妈看到后说："果果你真顽皮！"

果果妈妈对婴幼儿游戏评价时违背了哪条原则？

（五）婴幼儿游戏评价的内容

根据婴幼儿游戏开展涉及的相关影响因素，婴幼儿游戏评价的内容包括游戏计划、游戏环境、婴幼儿行为、教养者行为和游戏功能。

1. 游戏计划

游戏计划是教养者设计的方案，设计一个游戏方案需要确定游戏目的、选择游戏内容、构思游戏玩法、规范游戏注意事项等步骤。

游戏目的是游戏期望达到的效果，是组织该游戏的方向，对游戏玩法有直接的影响，也关系到游戏具体的实施过程。评价游戏目的，主要看游戏目的是否体现出有计划、有准备，有针对性、可操作性。具体考虑婴幼儿游戏目的设置的几个评价要点：是否符合促进婴幼儿身心健康发展的总目标；是否符合幼儿的实际发展水平；是否贴近婴幼儿的实际生活；是否考虑婴幼儿的兴趣爱好和发育规律；是否尊重婴幼儿之间的个体差异性而有层次；是否明确、具体、易操作；是否有益于婴幼儿某方面的发展；是否有实现某种预期的效果的可能；是否有益于婴幼儿某方面的发展；目标表述是否统一、合理等。

课堂互动

喂动物宝宝食物的游戏

为了发展幼儿的手部精细动作，某托育从业者设计了一个喂动物宝宝的游戏活动，游戏目的是"运用勺子和筷子给动物宝宝喂食物，发展手部小肌肉"。

请你对该游戏目的进行评价。

选择游戏内容，要充分考虑婴幼儿的身心发展规律和科学的育儿理念，评价游戏内容，看游戏内容的选择是否健康、适宜、有针对性和挑战性。具体的评价要点包括：是否符合婴幼儿的年龄特点；是否积极向上；是否有吸引力；是否贴合游戏目的；是否来源于生活又能引发婴幼儿有意义的探究；是否有一定的挑战性；是否能促进幼儿身心各方面协调发展等。

评价游戏玩法，要看游戏的玩法是否有利于实现游戏目的；是否有趣味性和启发性；是否能吸引婴幼儿，激发婴幼儿想玩该游戏；是否过难或过于简单；是否凸显婴幼儿的主体地位；各环节是否衔接；是否有利于促进游戏的进程。

2. 游戏环境

游戏环境是教养者进行的游戏准备，是组织游戏的前提，会影响到游戏的开展和婴幼儿的游戏体验。游戏环境有物质环境的准备和心理环境的准备。对物质环境要从游戏空间安排、材料投放、时间保障几个方面进行评价。评价心理环境主要看婴幼儿与教养者和玩伴的关系。

评价游戏空间，多从场地面积、空间大小、位置安排、设备质量、安全性、卫生情况等方面评价。看是否提供了足够婴幼儿游戏活动的空间；位置安排是否恰当；是否温馨舒适；场地能否激发婴幼儿的游戏兴趣；设施设备质量条件如何；器械、物品摆放是否牢固；场地是否平整、安全无隐患；是否充分利用了社区中的环境与资源等。

评价游戏材料，主要看教养者投放材料的科学性，具体评价材料是否适宜；是否符合婴幼儿的年龄特点和经验水平；是否能满足婴幼儿的发展需求；种类是否丰富；数量是否充分；是否具有可操作性；是否有趣、能激发婴幼儿游戏动机；是否具有启发作用；是否具有多功能和可变的特点；是否安全、卫生、无毒、环保；是否体现经济性和耐用性；是否具有地方特色；材料的利用率如何；是否及时调整、补充和更新等。

实例分析

迷宫里的感官路面

游戏名称：感官迷宫。

适宜年龄：18 ～ 30 月龄婴幼儿。

游戏目的：感受高低、光滑、粗糙等知觉，用简单语言表达自己对材料的感受。

游戏准备：准备板刷、海绵、洗衣搓板、毛织物、彩色袜子、沐浴球、绒毛毯、鹅卵石、气泡膜、彩色纽扣若干，将不同的材料平铺在迷宫里的各路面上。

游戏玩法：成人引导婴幼儿在不同的迷宫路面上走动，感受不同的感觉，然后用手去触摸材料，感受材料给手和脚带来的不同感觉，将感受用简单的词语表达出来，如“软软的”。

游戏指导：让宝宝光着脚走，体验不同的感觉；观察宝宝在活动中的行为表现和语言表达，引导幼儿体验不同材质的路面。

评价该案例中的游戏材料，第一，早教老师所投放的材料丰富多样，数量充足，色彩缤纷；第二，这些都来源于幼儿的生活，是他们熟悉的材料，有助于他们回忆生活经历，对老师和家长而言取材方便、易于制作，经济、环保；第三，这些材料能给幼儿带来不同的触觉，尤其脚底触觉更敏感，因此能激发婴幼儿的游戏动机；第四，教师在投放材料前已经对游戏材料进行消毒，材料是安全、无毒的，之后还可以运用在其他游戏中，利用率高。第五，这些不同的材料属性各有不同，具有启发作用，幼儿在体验这些游戏材料的同时，可以开拓思维，探索材料性质。

资料来源：张静，张艳娟．托幼园所保教工作入门［M］．上海：华东师范大学出版社，2020：27－28.

评价游戏时间，其实就是看时间是否充足，或时间是否过长。判断游戏时间是否充足，可以看婴幼儿是否尽兴、是否因游戏终止而有失落感等。判断游戏时间是否过长，看婴幼儿是否在游戏中出现了感到无趣的表情或无所事事的行为，是否表现出身体疲劳。

对游戏心理环境创设进行评价，首先从教养者对待婴幼儿的态度来评价，看教养者是否尊重婴幼儿；是否平等对待婴幼儿；是否有耐心；是否支持和满足婴幼儿；是否注重与婴幼儿的情感交流；是否愿意欣赏、接纳婴幼儿；是否坚持启发、引导婴幼儿，推动游戏继续向前发展而不是嘲笑、打断幼儿的操作。其次，从婴幼儿与同伴的社会交往状况来评价，看婴幼儿是否关注游戏伙伴；在游戏中是否能够模仿同伴行为；能否分享合作；是否遵守简单的游戏规则。再次，从婴幼儿心理氛围是否宽松、和谐、自由来评价，看婴幼儿在活动中的情绪是否愉悦；是否能放松自如地活动，不感到紧张，行为不拘谨等。

3. 婴幼儿行为

评价婴幼儿在游戏中的行为，从婴幼儿发展水平和婴幼儿游戏水平两方面进行评价。可以通过对婴幼儿动作发展、认知发展、语言发展、情感与社会性发展、艺术启蒙等方面评价婴幼儿发展情况，根据本书前面已介绍的各年龄段婴幼儿早期发展的规律，判断婴幼儿的发展状况有没有达到合格标准。评价婴幼儿的游戏水平，看婴幼儿的游戏动机、兴趣、表现、情感状态、体验等，具体有婴幼儿游戏动机是否强烈，是否积极、主动，是否能持久地集中注意力，是否能保持游戏热情，是否表现出高兴、愉快的状态；也可以根据婴幼儿在游戏中的其他表现进行评价，比如游戏材料运用情况、游戏主题的确立情况、游戏中的参与度、与教养者或同伴互动情况、常规的建立、问题争端的解决情况、个性发展等。

4. 教养者行为

教养者在游戏中的行为具体有指导、组织与介入。对教养者的行为进行评价，我们可以评价其指导策略、组织能力和介入方式。

对教养者的指导策略评价，评价关键点包括教养者能否尊重婴幼儿，能否合理引导婴幼儿游戏进程，能否基于婴幼儿已有的经验水平给予有针对性的指导，能否采用合理的指导策略，指导是否有效等。

教养者组织能力评价，看教养者能否保证游戏活动充足的时间和适宜的空间；能否提供合理的游戏材料以支持婴幼儿的游戏；能否为游戏的开展创设良好的物质和精神环境；能否从婴幼儿年龄特点出发，影响游戏内容，促进游戏主题的发展和情节的变化；能否推进游戏进程；能否激发婴幼儿兴趣，维持婴幼儿耐心，促进婴幼儿全身心投入游戏等。

介入方式评价，看教养者是否介入或介入是否恰当，具体判断是否无效干预；是否巧妙解决婴幼儿的矛盾纠纷；能否创造或把握教育契机，灵活地推动游戏顺利进行；能否提供优质、高效的干预，改善游戏效果。

5. 游戏功能

评价婴幼儿游戏功能，可以看游戏内容是否丰富、积极向上，促使婴幼儿获得了新的认知经验；婴幼儿能否正确地、创造性地使用玩具，动作技能是否得到了发展；能否恰当表达自己的需求；婴幼儿是否感兴趣，兴趣持续时间如何，注意力是否得到了发展；婴幼儿在游戏中的情绪是否积极、主动，轻松、愉快；婴幼儿在游戏中的态度是否认真、坚持、专注；能否遵守游戏规则，克服困难，尝试探究解决问题的方法；能否与玩伴进行眼神、表情等的互动，愿意与玩伴游戏，乐意帮助他人，谦让玩伴，社会交往能力和沟通协调能力是否有所提高等。

二、婴幼儿游戏干预

适时而有效的干预，能助推婴幼儿游戏持续地、顺利地开展，帮助婴幼儿在游戏中达到其应有的发展水平。游戏中的干预不是随意的，为了做到适时干预，提高干预的有效性，教养者要深思熟虑，按步骤实施干预。首先，教养者通过观察和评价来明确婴幼儿的发展需求。其次，确定干预后，根据婴幼儿的发展需求，预设干预的目标、干预所需的环境和材料，明确干预的角色、时机和方法。过早和过晚的干预都会降低婴幼儿的游戏热情，在干预的实际操作过程中，抓住介入契机和把握介入方法是重中之重，要尊重婴幼儿在游戏中积极的情绪体验，鼓励他们的尝试与探索，允许他们自己去发现，去创造，避免打断、干扰，甚至妨碍婴幼儿的游戏。再次，干预结束后，要评估干预的效果，对干预行为进行反思，判断干预行为是否适宜、有效，是否促使了游戏的顺利进行。干扰游戏进程、阻碍游戏发展的干预行为是负效干预，未对游戏产生任何影响的干预是无效干预。

（一）介入时机

1. 游戏中出现危害婴幼儿安全的因素时

游戏中往往蕴含着不可预知的危险，婴幼儿生活经验少，安全防范意识欠缺，自我保护能力有限，当游戏中出现不安全因素时，婴幼儿凭借自身的经验无法判断其严重性，这时教养者要及时介入、及时干预，对婴幼儿进行正确的引导，帮助婴幼儿远离危险区域，从而减少或消除安全隐患，避免婴幼儿身心受到伤害。但是，要注意不要因为过分担心婴幼儿的安全而不敢放手让婴幼儿去玩，成年人害怕环境中的种种因素会使婴幼儿受到伤害而处处保护，反而会阻碍婴幼儿自我保护能力的发展。

小案例

踩影子

一个阳光明媚的下午，2岁的嘉嘉和2岁半的小小追逐着，开始玩起了“踩影子”的游戏。原本在平地上玩踩影子的两个人，跑着跑着，跑到了旁边路面凹凸不平的小山坡上，家长在一旁观察到此景，急忙走过来，立即阻止道：“嘉嘉、小小，快到平地这里来玩，影子喜欢你们在这里和它玩捉迷藏，小山坡上跑步容易摔倒。”听家长这么一说，嘉嘉和小小停止了攀爬小山坡，慢慢地走回到宽广的平地上继续玩“踩影子”的游戏。

2. 游戏中出现消极内容时

婴幼儿的游戏活动是生活经验的反映，他们会模仿生活中成人的言行举止，但在他们生活中接触到的成人的语言、行为、动作有积极和消极之分，由于婴幼儿年幼，缺少明辨是非对错的能力，不知道哪些是优良的、值得学习的，往往会出现一些不良语言和行为等。因此，当婴幼儿的游戏中出现消极的内容时，教养者要及时介入，对他们进行正面教育并转移游戏主题，帮助他们正确地进行价值判断，让婴幼儿能够矫正错误。例如，游戏中婴幼儿模仿爸爸妈妈吵架说的语言、出现不良行为习惯等。注意在介入时，要从侧面帮助婴幼儿进行价值判断，帮助他们理解是非对错，不应重复消极的语言、行为动作，那样只会加深婴幼儿对该错误语言、行为、动作的印象。

3. 游戏一直重复没有实质性的进展时

婴幼儿喜欢重复性的动作，比如将积木不断地推倒，不断地将手中的球抛出去等，这些重复性行为能给婴幼儿带来愉快的情绪体验，但这需要教养者一直保持足够的耐心，尊重婴幼儿的兴趣，支持婴幼儿的重复性行为。但是，当婴幼儿一段时间后仍然一直在重复某个游戏行为，教养者通过观察分析后，发现该行为并未带来新的价值，婴幼儿从中未获得新的发展，同时游戏也没有实质性的进展时，教养者应当及时介入，引导婴幼儿新的玩法，进一步促进婴幼儿发展。注意这种情况下的干预要适度，要尊重婴幼儿的主体地位，同时不能制约婴幼儿潜能的发挥。

小案例

爱拧盖的果果

果果从八九个月起就喜欢摆布奶粉罐盖子，那时候的果果力气很小，尝试拧，但拧不动，便用嘴去啃、去咬。16月龄开始，果果能拧开奶粉罐盖子了，他会把家里所有够得到的空奶粉罐盖子都打开，家长盖好后，果果又再次把所有的盖子打开。

持续了一段时间后，妈妈发现果果仍然每天热衷于拧开盖子，便尝试拿饼干罐等比奶粉罐稍小的罐子盖、瓶子盖给果果拧，进一步发展果果的手眼协调能力、小肌肉能力和精准力。

4. 婴幼儿主动求助时

婴幼儿在游戏过程中，有时会遇到自己尝试解决却无法解决的问题，这时候，婴幼儿可能会主动向教养者求助。当婴幼儿主动求助时，教养者应当积极地给予回应，提出解决方案，启发婴幼儿自主探究解决问题的方法，提升游戏水平，避免婴幼儿等待时间过长而失去游戏兴趣。但是，这种情况的介入也不能太过频繁，要把握介入的度，如果婴幼儿一求助，就帮助他们解决问题，会降低婴幼儿在游戏中的创造性、独立思考能力和问题解决能力，甚至有可能导致婴幼儿感到游戏没有难度和挑战性而丧失继续游戏的兴趣。

5. 婴幼儿失去耐心和而想要放弃时

婴幼儿游戏中会遇到许多难题而导致游戏停止，为了继续游戏，他们会尝试自己去解决，但是由于他们解决问题的能力有限，缺乏经验，并且注意力持续时间短，当尝试多次仍然没有成功的时候，就会失去耐心和继续游戏的兴趣，想要放弃游戏。这时，教养者应该及时介入游戏，给予婴幼儿的行为和表现充分的肯定，或是直接给予一定的帮助和支持，提供一些解决问题的方案供婴幼儿选择，帮助他们树立解决问题的信心，保持游戏热情，鼓励他们克服困难，继续完成游戏。教养者在这种情况介入时，注意鼓励的语言要具体、有针对性，比如夸赞婴幼儿做得好时，要具体说出是哪些地方做得好。

小案例

你一定行

辰辰妈妈在地上放置了许多积木、盒子、大毛绒玩具、抱枕等，让 11 月龄的辰辰玩“越过障碍”的游戏。辰辰通过爬行、扶物走绕过了一些障碍物，忽然辰辰开始尖叫、拍打面前的抱枕，原因是旁边的大毛绒玩具与抱枕挨在了一起，辰辰找不到一条可以绕过障碍物的路，他拍打、推搡了好几次大毛绒玩具，但是力气太小，没有推动。辰辰尝试扶着大毛绒玩具慢慢站起来，过了好长一段时间都没有找到解决办法，因而失去了耐心和兴趣，坐在地上对着爸爸妈妈尖叫、大哭起来。

通过观察发现，辰辰是因为多次尝试仍无法解决问题，失去了游戏的耐心，想放弃游戏。判断该问题的解决超出了辰辰当前的经验水平，妈妈及时介入，目的是想通过给予一定的鼓励，使辰辰保持继续游戏的兴趣，于是夸赞道：“辰辰太厉害了吧，像一名运动健将！越过了这么多障碍物！妈妈为你骄傲！你一定有办法越过障碍的。”辰辰停止了哭泣，看向妈妈，妈妈一边鼓掌一边鼓励说：“加油，宝贝，你刚才做得很好，你一直在努力尝试，你一定行。”辰辰又尝试双手支撑自己慢慢站起来，然后扶着毛绒玩具站稳，此时妈妈做出抬腿的动作，演示跨过抱枕，辰辰学着妈妈的样子尝试抬起小腿做出跨抱枕的动作，游戏得以继续。

6. 婴幼儿无所事事或缺少互动交流时

2岁以下的婴幼儿大多数时候都是自己一个人玩，玩自己的手脚，玩被子，玩身边一切让他们感到好奇的物品，他们在游戏中无所事事的行为是可以理解的。从2岁开始，幼儿逐渐意识到周围人的存在，他们会观察周围人的行为并有意识地模仿，这时候如果幼儿的游戏中出现无所事事的行为或缺乏与玩伴的互动交流、模仿行为时，教养者可以介入，引导幼儿和其他玩伴一起玩，或者是请其他幼儿示范游戏玩法。

7. 婴幼儿需求不被满足或是遇到矛盾难以继续游戏时

婴幼儿对游戏的兴趣、需要、环境、材料、玩法规则等方面都有个体差异，当自己的要求不被满足时，由于情绪控制能力差，又缺乏语言表达能力及沟通协调的交往技能，只能通过一些情绪宣泄来表达自己的不悦，如摔东西、大声哭喊、满地打滚。在游戏中，玩具材料不够时，也会因为争抢游戏材料、玩具与玩伴发生矛盾和纠纷，甚至出现过激行为，用肢体碰撞同伴。当婴幼儿需求不被满足或遇到矛盾导致游戏无法继续时，教养者要及时介入，对婴幼儿的过激行为加以纠正，帮助其掌握沟通和交往技巧，引导婴幼儿处理矛盾和纠纷，提高社会交往能力。但是，也要注意这种情况下的介入不要太过频繁，否则婴幼儿会表现出过激行为，将其作为一种解决问题的方式来使用，每次想要成人帮助解决问题时，都采取这样的方法。另外要注意，教养者的处理方式也会影响婴幼儿将来遇到此类问题时的处理方式。

小案例

公平

某早教中心的沙池里，有许多玩具材料，沙漏、铲子、桶、泡泡塑料袋、小纸箱、沙滩车、小手推车以及各式各样的模具。乐乐、亮亮和悠悠在抢一个小手推车。乐乐握着小手推车的一个把手，亮亮和悠悠在另一个方向拽拉手推车，都不愿意松手。乐乐对亮亮和悠悠说：“我先拿到的，你们放手！”亮亮说：“是我先拿的，我第一个跑过来。”悠悠听了后手拉得更紧了，嘴里还说“谁先抢到就是谁的！”。大家谁也不让谁，一边拽手推车，一边互相推操。悠悠被亮亮不小心挤到，便用手推开亮亮说："撞到我了！"亮亮也不甘示弱，回手推悠悠，两人扭打起来，另一边的乐乐也因为两个孩子突然松手差点摔倒。

保教老师见状后，立刻上前制止，并询问缘由，最后提出几个方案供三位小朋友选择："你们都说是自己先拿到的，谁也不肯谦让，那我给你们提供一个方案，我们公平处理如何？"几个小朋友都同意，老师接着说："我们先用石头剪刀布的游戏来决定玩的顺序，然后排好队，一人推一次手推车之后轮流玩。"接下来，三个小朋友玩石头剪刀布的游戏，赢的人排在了前面，大家排好队后一人推一圈，轮流玩。

几个小朋友因为争抢游戏材料差点打起架来，由于这几个小朋友个性都比较强，以自我为中心，不肯谦让，不肯分享，也不肯合作，解决问题时无法沟通和协商，因此教养者及时介入，引导婴幼儿解决问题，促进其人际交往能力的发展。

（二）介入方法

找到了适合的介入时机后，需要决定介入的方法。通常，教养者需要综合运用多种媒介、多种方法对婴幼儿施加影响，具体可以教养者自身、材料和婴幼儿玩伴为媒介。可以根据婴幼儿的个别差异确定指导重点，采取不同的介入方法。例如，有的婴幼儿需要提高某方面的技能，有的婴幼儿需要培养耐心和专注力，还有的婴幼儿需要获得成就感，要根据具体的情况使用。

1. 以自身为媒介

教养者以自身为媒介介入婴幼儿的游戏，在介入时可以以游戏者的身份间接介入，也可以作为旁观者直接介入。

（1）以游戏者身份介入。

教养者以游戏者的身份介入游戏，通过在游戏中的语言和行为，暗示或指导婴幼儿，是一种隐性的指导，婴幼儿在无意识中获得了指导。具体可以细分为平行介入法、合作介入法、指导介入法和交叉介入法。

采用平行介入法时，教养者以游戏者的身份出现在婴幼儿旁边，与婴幼儿玩同一主题，扮演同一角色或者使用同一种类游戏材料，以引导婴幼儿模仿，婴幼儿在模仿教养者的言行举止、态度的过程中无意识地接受了指导，逐渐掌握游戏技能。当婴幼儿在游戏中对教养者新提供的游戏材料不感兴趣而在游戏中无所事事，或是不会玩、不喜欢玩，只会一种玩法时，可以使用这种介入方式引导婴幼儿模仿。

小案例

双手交换小玩具

8月龄的宝宝玩“双手交换”游戏时，宝宝先玩手里的小玩具，玩一会后，教养者把另一个玩具递到他拿着玩具的手边，他会把手里正在玩的玩具丢掉，以便接住新递到手边的玩具。此时，教养者在旁边也玩“双手交换”的游戏，当另一个玩具递到拿着玩具的手边时，先将手里的玩具交换到另一只手里，再接住新的玩具，以行为引导婴幼儿模仿教养者一只手交换玩具到另一只手，练习双手交换抓握的能力。

采用合作介入法时，教养者直接参与到婴幼儿的游戏中，与婴幼儿玩同一个游戏或者操作同一份游戏材料，并且在游戏中与婴幼儿互动，在互动过程中从玩伴的角度引导婴幼儿及时发现、解决问题，从侧面激发婴幼儿的游戏兴趣，发展婴幼儿的创造性，同时使游戏情节得到扩展，游戏内容得以丰富。例如，一起玩娃娃家，一起搭积木，一起躲猫猫等。这种介入方法婴幼儿会比较喜欢，他们能从中感受到教养者与自己的亲密度，把教养者看作是可以亲近的玩伴。当婴幼儿失去耐心想要放弃游戏时、需求不被满足或是遇到矛盾纠纷时、遇到困难无法解决时可以选择采用这种方法。

指导介入法是教养者组织一个游戏活动时，给自己分配了一个固定的角色，运用该角色对婴幼儿进行隐性的指导。如：组织婴幼儿玩“传球”游戏时，成人做“教练”指挥婴幼儿传球；建议婴幼儿一起玩“打电话”的游戏时，教养者假装给婴幼儿打电话，不断变化问题在电话里询问婴幼儿。在这种介入方式中，教养者既是游戏的组织者，又是游戏的统领者，游戏中很多方向都会受到教养者的主观意识影响，限制了婴幼儿在游戏中的主体性的发挥。[①]

交叉介入法是当婴幼儿主动邀请教养者参与游戏，教养者作为游戏中的某一个角色，通过与婴幼儿互动来指导婴幼儿游戏。使用这种介入方式有利于启迪婴幼儿思考，提高他们自主解决问题的能力。

课堂互动

钓 鱼

2岁的雅雅拿着带有磁性挂钩的“鱼竿”，对着电动的旋转钓鱼盘玩“钓鱼”游戏，一段时间过去了，一条鱼也没钓上来。雅雅的爸爸见状，也取了一根鱼竿，跟雅雅说到“我试试能不能钓到大鱼”，加入了钓鱼游戏。雅雅爸爸在旋转鱼盘里的鱼张嘴时，平稳地将鱼竿的磁性挂钩放进鱼的嘴里，成功钓到了鱼。雅雅激动地拍手，然后

① 余之意，杨雪萍.学前儿童游戏［M］.镇江：江苏大学出版社，2018：58.

像爸爸一样趁鱼张嘴时，把鱼竿的磁性挂钩放进去，雅雅也会钓鱼了，爸爸便退出了游戏。

请问：雅雅的爸爸使用了什么介入方式呢？

（2）以旁观者介入。

教养者作为旁观者介入游戏，对婴幼儿进行指导，是一种显性的介入，可以采用语言手段或者动作、手势、眼神等干预婴幼儿的游戏。教养者可以使用的语言手段包括提问、建议、鼓励、澄清、邀请、指令等。站在教养者的角度使用的这些语言，伴有明显的教育意图。

教养者可以提出问题以启发和发散婴幼儿的思维，引导婴幼儿思考、回忆零散的知识经验。教养者提出问题，是有目的地设置出问题情境，把需要解决的问题呈现给婴幼儿，促使婴幼儿自主探究解决问题的方法，使游戏顺利进行。如：“接下来该怎么做呢”，“大熊要吃苹果，哪一个颜色的是苹果呢”等。

在婴幼儿的游戏遇到困难无法继续时，也可以通过提出可选择的建议的方式，暗示婴幼儿可以采取某种具体的游戏行为，给予婴幼儿可选择的做法，并尊重婴幼儿自主做出的选择。这种语言重在引导婴幼儿选出合适的答案，因此在试探性地提议时，要给出可选项。例如：“鼓足力气大口吹小纸船能不能吹得更远呢”，“这块雪花片放在上面会不会更好”，“你们用猜拳的方式来决定游戏顺序怎么样”等。

鼓励就是在游戏中适时地运用语言给予婴幼儿肯定、表扬，充分调动他们的游戏积极性和主动性，维持他们对游戏的耐心，促进婴幼儿良好的游戏行为，提升游戏水平。例如：多次尝试仍然失败时候，教养者说“没关系，刚刚你做得很好，可以用别的方法再试试”，“你很有毅力，坚持了这么久，你一定能成功的”，“我相信你可以”等鼓励婴幼儿。

在选择游戏主题、内容，处理游戏中的消极、不良现象时，可以运用澄清的语言从侧面帮助婴幼儿进行价值判断。教养者不直接评价是非对错，而是引导婴幼儿进行讨论，帮助他们树立正确的价值观，澄清错误认识和不良行为。例如：当游戏中出现婴幼儿模仿随地吐痰的行为时，引导婴幼儿一起讨论是否能随地吐痰，澄清这是一个不良行为。

针对那些缺乏游戏互动的幼儿，无人光顾的游戏场所，或是无人使用的材料，教养者可以采用邀请的语言来激发婴幼儿游戏的愿望和动机，帮助婴幼儿体验游戏带来的情绪价值，促进婴幼儿同伴之间的人际交往。例如，“邀请琳琳一起玩推球吧”，“红红，去帮帮多多一起寻宝吧”等。

当教养者发现婴幼儿在游戏中出现严重违反游戏规则或者过激的行为时，要及时给予婴幼儿指令，通过指令式的语言制止婴幼儿的错误行为。在这里要注意，要尽量使用正面语言指令，避免负面语言指令，正面语言指令更具有行为的推动力，如“把玩具放好”比“不要乱扔玩具”更直接、更清楚，也避免了过分强调错误的行为。

除了以上语言手段外，教养者也可以通过表情、眼神、手势、动作等非语言手段直接介入，推动婴幼儿游戏继续。

小案例

水溢出来了

27月龄的佐佐在玩“水钢琴”的游戏，用汤勺敲打装了不同量水的杯子，按照敲打出来的声音判断哪个音阶最高。玩着玩着，他发现大力敲打装满水的那个杯子，随着震动会溢出水在桌子上，佐佐乐此不疲，更加大力敲打那个杯子。妈妈观察到后，走到佐佐身边，用毛巾擦干佐佐面前的桌子，然后拿起勺子轻轻地敲了敲水杯，示意佐佐要轻轻地敲打。佐佐继续拿勺子轻轻地敲不同的杯子，探索音阶的不同，游戏继续朝着游戏目的的方向发展。

2. 以材料为媒介

教养者除了以自身为媒介介入婴幼儿的游戏之外，也可以将材料作为媒介，通过提供、调整和更新游戏材料的方法来干预婴幼儿的游戏，激发婴幼儿的游戏兴趣，维持婴幼儿游戏的耐心，促进游戏的延续或提升。如发现3月龄的宝宝俯卧在床上时，听到父母在说话，会抬头片刻，妈妈找来了许多能发出声响的、五颜六色的玩具在宝宝头部吸引宝宝注视，逗引宝宝，提高宝宝对玩具的兴趣，训练宝宝控制头部的能力、视觉追踪能力。教养者注意提供的材料要具有探索性、趣味性、生活性、启发性。

3. 以婴幼儿玩伴为媒介

0～3岁的婴幼儿与玩伴的交往行为一般并不复杂，刚出生到2岁的婴幼儿，和同伴之间只有简单的社会交往行为，如开始关注到同伴，观望和触碰同伴，会给予同伴微笑，引起对方的反应，2岁以后逐渐会互相模仿对方的行为动作，在与同伴的交流互动中调节不良情绪。总之，在游戏中，婴幼儿之间的互动交流频繁，同伴之间相互模仿、相互交流、相互影响。教养者可以借助玩伴这一媒介对婴幼儿进行间接的指导，不仅能增加游戏时间和兴趣，还能提高游戏质量，促进婴幼儿社会性发展。例如，在某一游戏中，有小朋友不会玩，教养者请会玩的小朋友加入游戏进行示范，发挥伙伴效应。而且，伙伴的年龄、性别、熟悉程度都会影响婴幼儿的游戏进程，年长的玩伴能扩大婴幼儿的游戏经验和交往经验，通过玩伴能促进游戏时间的延续，因此，教养者通过这种方式介入婴幼儿的游戏时，要注意游戏伙伴的选择。

资料链接

游戏玩伴

鲁本斯坦和沃思对19月龄幼儿的游戏活动进行了研究。他们设计了两种游戏场景，一种是孩子独自玩耍，另一种是有一个玩伴一起玩耍。研究结果发现，第二种场景下孩子更倾向于做探索性质的游戏，并且会出现更多的交流和假想行为。这说明游戏玩伴能够影响婴幼儿的游戏质量，促进婴幼儿游戏水平的提升，因此，在婴幼儿游戏时，教养者可以借助玩伴对婴幼儿游戏实施干预。

总之，有效的干预能够促进婴幼儿整体和全面的发展，而教养者以游戏者的身份介入游戏，对于婴幼儿更容易接受，干预的效率和效果也更好。

本章小结

有目的的观察记录，是了解婴幼儿游戏的动作发展、认知水平、社会性发展、兴趣需要及个性发展的有效途径，在观察的基础上正确评价婴幼儿的游戏，能科学有效地进行游戏指导并实施教育活动。本章主要分为游戏的观察记录、游戏评价与干预两个方向，在游戏观察记录中阐述了婴幼儿游戏观察的意义、内容、方法、原则与观察结果分析依据，游戏记录的步骤与方法；在游戏评价与干预中，分析了婴幼儿游戏评价的界定、意义、类型、原则及内容，帮助教养者通过观察和评价明确婴幼儿的发展需求，根据需求预设干预的目标、环境材料、角色、时机和方法，实施正确干预。

同步练习（赛证热点）

一、选择题

1. 观察者在相等的时间段里对观察对象依次轮流进行观察，一般在游戏开始和结束的时候运用较多，适合于粗线条地了解全体婴幼儿的游戏情况的婴幼儿游戏观察方法是（　　）。

A. 事件取样法　　B. 追踪观察法　　C. 扫描观察法　　D. 时间取样法

2.* 婴幼儿游戏观察的内容包括（　　）。

A. 婴幼儿行为表现　　B. 游戏环境与时间

C. 婴幼儿游戏水平　　D. 游戏材料与主题

3.* 游戏观察的原则包括（　　）。

A. 目的性　　B. 客观性　　C. 系统性　　D. 持续性

4. 游戏观察记录的第二步是（　　）。

A. 选择观察方法　　B. 制订观察计划

C. 整理游戏观察结果　　D. 分析游戏结果

5. 成人在观察之前列出婴幼儿在游戏中需要观察的行为，并以表格的形式呈现，在婴幼儿游戏中核对行为的呈现与否，当出现此项行为时就在该栏目上做记号的婴幼儿游戏记录方法是（　　）。

A. 摄像记录法　　B. 图示记录法　　C. 等级量表　　D. 行为核对表

6. 婴幼儿游戏评价是对婴幼儿的游戏活动从（　　）方面收集客观的信息并进行价值判断的过程。

A. 质或量　　B. 设计和组织　　C. 多或少　　D. 难或易

7. 婴幼儿游戏评价根据评价主体来分，有（　　）两种。

A. 正式评价和非正式评价　　B. 定量评价和定性评价

C. 自我评价和他人评价　　D. 形成性评价和终结性评价

二、判断题

1. 没有记录和分析的游戏观察是一种“伪观察”，是没有意义的，只有在科学、有效的游戏观察基础上，合理分析游戏，才能促进婴幼儿身心健康发展，才能促进托育服务工作者的专业成长。（　　）

2. 一般来说，观察者可以从时间、地点、人物、事件、游戏行为几方面考虑，结合观察需要和每种方法的优缺点，选取适合的一种或多种方法进行游戏观察。（　　）

3. 成人的表现也是婴幼儿游戏观察的内容之一。（　　）

4. 婴幼儿的游戏过程是婴幼儿与材料、人的互动过程，游戏材料是儿童用来玩的玩具，是婴幼儿游戏的支架，通过观察材料的质量、数量和婴幼儿与材料的互动，可以了解材料是否发挥教育功能。（　　）

5. 婴幼儿的游戏能力与生俱来。（　　）

6. 正式评价是评价者采用量化的方式，有计划、有目的、有针对性地了解婴幼儿情况的评价方式。（　　）

7. 婴幼儿缺乏安全意识，但自我保护能力强，游戏中极少出现不安全因素。（　　）

8. 教养者以游戏者的身份介入游戏，对于婴幼儿更容易接受，干预的效率和效果也更好。（　　）

三、简答题

1. 游戏观察的意义。

2. 评价婴幼儿游戏功能，可以从哪几个方面进行？

四、思考题

如何判断需不需要对婴幼儿游戏进行干预？在什么时机介入干预？

参考文献

［1］刘焱．儿童游戏通论［M］．北京：北京师范大学出版社，2008.

［2］田腾．0～3岁婴幼儿游戏及其有效性指导［D］．济南：山东师范大学，2014.

［3］格朗兰德．教育测量与评价［M］．郑军，译．石家庄：河北教育出版社，1991.

［4］吴丽敏，王梓楠．0～3岁婴幼儿亲子活动设计与指导［M］．北京：北京出版社，2021.

［5］余之意，杨雪萍．学前儿童游戏［M］．镇江：江苏大学出版社，2018.

［6］冯国强．0～3岁婴幼儿游戏［M］．上海：华东师范大学出版社，2017.

［7］张静，张艳娟．托幼园所保教工作入门［M］．上海：华东师范大学出版社，2020.

［8］杰姆·约翰逊，等．儿童游戏：游戏发展的理论与实务［M］．吴幸玲，郭静晃，译．新北：扬智文化事业股份有限公司，2003.

附　　录

附录 1　游戏发展进度量表

附录 2　婴幼儿发展观察评价表

附录 3　婴幼儿发展概况表

附录 4　婴幼儿游戏活动视频

新编21世纪高等职业教育精品教材
婴幼儿托育服务与管理系列
校企“双元”合作新形态教材

婴幼儿
游戏活动设计与指导实训工作手册

主　编／吴　倢　花　蕾　陈　玮
副主编／张英杰　杜雪腾
参　编／刘彦宏　张　扬　陈启丹　叶　修

中国人民大学出版社
·北京·

目录

实训任务一　0～3 个月婴儿游戏活动设计

实训任务

一、任务实施

<table>
<tr><td colspan="2">（一）任务名称
0～3 个月婴儿游戏活动设计</td></tr>
<tr><td colspan="2">（二）任务目的
1. 能够根据 0～3 个月婴儿的发展特点进行五大领域游戏活动方案设计。
2. 能够根据设计的游戏活动方案进行游戏组织实施。</td></tr>
<tr><td colspan="2">（三）具体要求
1. 以小组为单位为 0～3 个月婴儿设计五大领域游戏方案，方案中应包括游戏名称、游戏目的、游戏准备、游戏玩法、游戏指导。
2. 每组设计领域内容随机抽取。
3. 随机抽取小组内一人来进行游戏方案的组织实施。</td></tr>
<tr><td colspan="2">（四）工作小组
班级：
小组名称：
小组组长：
小组成员：</td></tr>
<tr><td colspan="2">（五）任务实施</td></tr>
<tr><td>1. 确定游戏名称</td><td>（1）游戏名称：
（2）游戏类型：
A. 动作发展类游戏 B. 认知发展类游戏 C. 语言发展类游戏 D. 情感与社会性发展类游戏 E. 艺术启蒙类游戏
（3）设计原因：</td></tr>
<tr><td>2. 撰写游戏方案</td><td>（1）游戏目的：

（2）游戏准备：</td></tr>
</table>

续表

2. 撰写游戏方案	（3）游戏玩法： （4）游戏指导：
3. 准备游戏材料	
4. 游戏活动组织与实施	粘贴游戏活动过程图
（六）任务总结与反思	

二、任务评价

实训评分表

班级：　　　　　　　　　　　任务名称：　　　　　　　　　　得分：

内容	指标	分值	学生自评（20%）	学生互评（30%）	教师评价（50%）
游戏方案整体设计情况（40 分）	1. 遵循各月龄段婴幼儿身心发展概况，有教育性	15			
	2. 游戏目的表述清楚，可测性、可操作性强；符合婴幼儿年龄阶段特点	10			
	3. 游戏过程设计科学合理；整体条理清晰，结构完整	15			
游戏实施过程（50 分）	1. 游戏准备充分，材料齐全，且有自制游戏材料	10			
	2. 游戏实施过程环节清楚，能依据计划引导整个游戏过程	10			
	3. 能较好地与婴幼儿进行交流沟通，并能提供多样化指导方法	10			
	4. 仪态自然、大方得体，具备托育服务工作者基本职业素养	10			
	5. 游戏完成较好，达成游戏目的	10			
游戏总结与反思（10 分）	能从婴幼儿游戏水平、成人指导游戏和游戏效果等方面进行总结与反思	10			
合计		100			
过程性得分总计					
评价意见	教师： 日期：				

实训任务二　4～6个月婴儿游戏活动设计

实训任务

一、任务实施

<table>
<tr><td colspan="2">（一）任务名称
4～6个月婴儿游戏活动设计</td></tr>
<tr><td colspan="2">（二）任务目的
1. 能够根据4～6个月婴儿的发展特点进行五大领域游戏活动方案设计。
2. 能够根据设计的游戏活动方案进行游戏组织实施。</td></tr>
<tr><td colspan="2">（三）具体要求
1. 以小组为单位为4～6个月婴儿设计五大领域游戏方案，方案中应包括游戏名称、游戏目的、游戏准备、游戏玩法、游戏指导。
2. 每组设计领域内容随机抽取。
3. 随机抽取小组内一人来进行游戏方案的组织实施。</td></tr>
<tr><td colspan="2">（四）工作小组
班级：
小组名称：
小组组长：
小组成员：</td></tr>
<tr><td colspan="2">（五）任务实施</td></tr>
<tr><td>1. 确定游戏名称</td><td>（1）游戏名称：
（2）游戏类型：
A. 动作发展类游戏 B. 认知发展类游戏 C. 语言发展类游戏 D. 情感与社会性发展类游戏 E. 艺术启蒙类游戏
（3）设计原因：</td></tr>
<tr><td>2. 撰写游戏方案</td><td>（1）游戏目的：

（2）游戏准备：</td></tr>
</table>

续表

2. 撰写游戏方案	（3）游戏玩法： （4）游戏指导：
3. 准备游戏材料	
4. 游戏活动组织与实施	粘贴游戏活动过程图
（六）任务总结与反思	

二、任务评价

实训评分表

班级： 任务名称： 得分：

内容	指标	分值	学生自评（20%）	学生互评（30%）	教师评价（50%）
游戏方案整体设计情况（40分）	1. 遵循各月龄段婴幼儿身心发展概况，有教育性	15			
	2. 游戏目的表述清楚，可测性、可操作性强；符合婴幼儿年龄阶段特点	10			
	3. 游戏过程设计科学合理；整体条理清晰，结构完整	15			
游戏实施过程（50分）	1. 游戏准备充分，材料齐全，且有自制游戏材料	10			
	2. 游戏实施过程环节清楚，能依据计划引导整个游戏过程	10			
	3. 能较好地与婴幼儿进行交流沟通，并能提供多样化指导方法	10			
	4. 仪态自然、大方得体，具备托育服务工作者基本职业素养	10			
	5. 游戏完成较好，达成游戏目的	10			
游戏总结与反思（10分）	能从婴幼儿游戏水平、成人指导游戏和游戏效果等方面进行总结与反思	10			
合计		100			
过程性得分总计					
评价意见	教师： 日期：				

实训任务三　7～9个月婴儿游戏活动设计

实训任务

一、任务实施

<table>
<tr><td colspan="2">（一）任务名称
7～9个月婴儿游戏活动设计</td></tr>
<tr><td colspan="2">（二）任务目的
1. 能够根据7～9个月婴儿的发展特点进行五大领域游戏活动方案设计。
2. 能够根据设计的游戏活动方案进行游戏组织实施。</td></tr>
<tr><td colspan="2">（三）具体要求
1. 以小组为单位为7～9个月婴儿设计五大领域游戏方案，方案中应包括游戏名称、游戏目的、游戏准备、游戏玩法、游戏指导。
2. 每组设计领域内容随机抽取。
3. 随机抽取小组内一人来进行游戏方案的组织实施。</td></tr>
<tr><td colspan="2">（四）工作小组
班级：
小组名称：
小组组长：
小组成员：</td></tr>
<tr><td colspan="2">（五）任务实施</td></tr>
<tr><td>1. 确定游戏名称</td><td>（1）游戏名称：
（2）游戏类型：
A. 动作发展类游戏 B. 认知发展类游戏 C. 语言发展类游戏 D. 情感与社会性发展类游戏 E. 艺术启蒙类游戏
（3）设计原因：</td></tr>
<tr><td>2. 撰写游戏方案</td><td>（1）游戏目的：

（2）游戏准备：</td></tr>
</table>

续表

2. 撰写游戏方案	（3）游戏玩法： （4）游戏指导：
3. 准备游戏材料	
4. 游戏活动组织与实施	粘贴游戏活动过程图
（六）任务总结与反思	

二、任务评价

实训评分表

班级：　　　　　　　　　　　　任务名称：　　　　　　　　　　　　得分：

内容	指标	分值	学生自评（20%）	学生互评（30%）	教师评价（50%）
游戏方案整体设计情况（40分）	1. 遵循各月龄段婴幼儿身心发展概况，有教育性	15			
	2. 游戏目的表述清楚，可测性、可操作性强；符合婴幼儿年龄阶段特点	10			
	3. 游戏过程设计科学合理；整体条理清晰，结构完整	15			
游戏实施过程（50分）	1. 游戏准备充分，材料齐全，且有自制游戏材料	10			
	2. 游戏实施过程环节清楚，能依据计划引导整个游戏过程	10			
	3. 能较好地与婴幼儿进行交流沟通，并能提供多样化指导方法	10			
	4. 仪态自然、大方得体，具备托育服务工作者基本职业素养	10			
	5. 游戏完成较好，达成游戏目的	10			
游戏总结与反思（10分）	能从婴幼儿游戏水平、成人指导游戏和游戏效果等方面进行总结与反思	10			
合计		100			
过程性得分总计					
评价意见	教师： 日期：				

实训任务四　10～12个月婴儿游戏活动设计

实训任务

一、任务实施

（一）任务名称 10～12个月婴儿游戏活动设计	
（二）任务目的 1. 能够根据10～12个月婴儿的发展特点进行五大领域游戏活动方案设计。 2. 能够根据设计的游戏活动方案进行游戏组织实施。	
（三）具体要求 1. 以小组为单位为10～12个月婴儿设计五大领域游戏方案，方案中应包括游戏名称、游戏目的、游戏准备、游戏玩法、游戏指导。 2. 每组设计领域内容随机抽取。 3. 随机抽取小组内一人来进行游戏方案的组织实施。	
（四）工作小组 班级： 小组名称： 小组组长： 小组成员：	
（五）任务实施	
1. 确定游戏名称	（1）游戏名称： （2）游戏类型： A. 动作发展类游戏 B. 认知发展类游戏 C. 语言发展类游戏 D. 情感与社会性发展类游戏 E. 艺术启蒙类游戏 （3）设计原因：
2. 撰写游戏方案	（1）游戏目的： （2）游戏准备：

续表

2. 撰写游戏方案	（3）游戏玩法： （4）游戏指导：
3. 准备游戏材料	
4. 游戏活动组织与实施	粘贴游戏活动过程图
（六）任务总结与反思	

二、任务评价

实训评分表

班级：　　　　　　　　　　　　　任务名称：　　　　　　　　　　得分：

内容	指标	分值	学生自评（20%）	学生互评（30%）	教师评价（50%）
游戏方案整体设计情况（40分）	1. 遵循各月龄段婴幼儿身心发展概况，有教育性	15			
	2. 游戏目的表述清楚，可测性、可操作性强；符合婴幼儿年龄阶段特点	10			
	3. 游戏过程设计科学合理；整体条理清晰，结构完整	15			
游戏实施过程（50分）	1. 游戏准备充分，材料齐全，且有自制游戏材料	10			
	2. 游戏实施过程环节清楚，能依据计划引导整个游戏过程	10			
	3. 能较好地与婴幼儿进行交流沟通，并能提供多样化指导方法	10			
	4. 仪态自然、大方得体，具备托育服务工作者基本职业素养	10			
	5. 游戏完成较好，达成游戏目的	10			
游戏总结与反思（10分）	能从婴幼儿游戏水平、成人指导游戏和游戏效果等方面进行总结与反思	10			
合计		100			
过程性得分总计					
评价意见	教师： 日期：				

实训任务五　13 ～ 15 个月幼儿游戏活动设计

实训任务

一、任务实施

<table>
<tr><td colspan="2">（一）任务名称
13 ～ 15 个月幼儿游戏活动设计</td></tr>
<tr><td colspan="2">（二）任务目的
1. 能够根据 13 ～ 15 个月幼儿的发展特点进行五大领域游戏活动方案设计。
2. 能够根据设计的游戏活动方案进行游戏组织实施。</td></tr>
<tr><td colspan="2">（三）具体要求
1. 以小组为单位为 13 ～ 15 个月幼儿设计五大领域游戏方案，方案中应包括游戏名称、游戏目的、游戏准备、游戏玩法、游戏指导。
2. 每组设计领域内容随机抽取。
3. 随机抽取小组内一人来进行游戏方案的组织实施。</td></tr>
<tr><td colspan="2">（四）工作小组
班级：
小组名称：
小组组长：
小组成员：</td></tr>
<tr><td colspan="2">（五）任务实施</td></tr>
<tr><td>1. 确定游戏名称</td><td>（1）游戏名称：
（2）游戏类型：
A. 动作发展类游戏 B. 认知发展类游戏 C. 语言发展类游戏 D. 情感与社会性发展类游戏 E. 艺术启蒙类游戏
（3）设计原因：</td></tr>
<tr><td>2. 撰写游戏方案</td><td>（1）游戏目的：

（2）游戏准备：</td></tr>
</table>

续表

2. 撰写游戏方案	（3）游戏玩法： （4）游戏指导：
3. 准备游戏材料	
4. 游戏活动组织与实施	粘贴游戏活动过程图
（六）任务总结与反思	

二、任务评价

实训评分表

班级：　　　　　　　　　　任务名称：　　　　　　　　　　得分：

内容	指标	分值	学生自评（20%）	学生互评（30%）	教师评价（50%）
游戏方案整体设计情况（40 分）	1. 遵循各月龄段婴幼儿身心发展概况，有教育性	15			
	2. 游戏目的表述清楚，可测性、可操作性强；符合婴幼儿年龄阶段特点	10			
	3. 游戏过程设计科学合理；整体条理清晰，结构完整	15			
游戏实施过程（50 分）	1. 游戏准备充分，材料齐全，且有自制游戏材料	10			
	2. 游戏实施过程环节清楚，能依据计划引导整个游戏过程	10			
	3. 能较好地与婴幼儿进行交流沟通，并能提供多样化指导方法	10			
	4. 仪态自然、大方得体，具备托育服务工作者基本职业素养	10			
	5. 游戏完成较好，达成游戏日的	10			
游戏总结与反思（10 分）	能从婴幼儿游戏水平、成人指导游戏和游戏效果等方面进行总结与反思	10			
合计		100			
过程性得分总计					
评价意见	教师： 日期：				

实训任务六　16～18个月幼儿游戏活动设计

实训任务

一、任务实施

<table>
<tr><td colspan="2">（一）任务名称
16～18个月幼儿游戏活动设计</td></tr>
<tr><td colspan="2">（二）任务目的
1. 能够根据16～18个月幼儿的发展特点进行五大领域游戏活动方案设计。
2. 能够根据设计的游戏活动方案进行游戏组织实施。</td></tr>
<tr><td colspan="2">（三）具体要求
1. 以小组为单位为16～18个月幼儿设计五大领域游戏方案，方案中应包括游戏名称、游戏目的、游戏准备、游戏玩法、游戏指导。
2. 每组设计领域内容随机抽取。
3. 随机抽取小组内一人来进行游戏方案的组织实施。</td></tr>
<tr><td colspan="2">（四）工作小组
班级：
小组名称：
小组组长：
小组成员：</td></tr>
<tr><td colspan="2">（五）任务实施</td></tr>
<tr><td>1. 确定游戏名称</td><td>（1）游戏名称：
（2）游戏类型：
A. 动作发展类游戏 B. 认知发展类游戏 C. 语言发展类游戏 D. 情感与社会性发展类游戏 E. 艺术启蒙类游戏
（3）设计原因：</td></tr>
<tr><td>2. 撰写游戏方案</td><td>（1）游戏目的：

（2）游戏准备：</td></tr>
</table>

续表

2. 撰写游戏方案	（3）游戏玩法： （4）游戏指导：
3. 准备游戏材料	
4. 游戏活动组织与实施	粘贴游戏活动过程图
（六）任务总结与反思	

二、任务评价

实训评分表

班级：　　　　　　　　　　　　　　任务名称：　　　　　　　　　　　　得分：

<table>
<tr><th>内容</th><th>指标</th><th>分值</th><th>学生自评（20%）</th><th>学生互评（30%）</th><th>教师评价（50%）</th></tr>
<tr><td rowspan="3">游戏方案整体设计情况（40分）</td><td>1. 遵循各月龄段婴幼儿身心发展概况，有教育性</td><td>15</td><td></td><td></td><td></td></tr>
<tr><td>2. 游戏目的表述清楚，可测性、可操作性强；符合婴幼儿年龄阶段特点</td><td>10</td><td></td><td></td><td></td></tr>
<tr><td>3. 游戏过程设计科学合理；整体条理清晰，结构完整</td><td>15</td><td></td><td></td><td></td></tr>
<tr><td rowspan="5">游戏实施过程（50分）</td><td>1. 游戏准备充分，材料齐全，且有自制游戏材料</td><td>10</td><td></td><td></td><td></td></tr>
<tr><td>2. 游戏实施过程环节清楚，能依据计划引导整个游戏过程</td><td>10</td><td></td><td></td><td></td></tr>
<tr><td>3. 能较好地与婴幼儿进行交流沟通，并能提供多样化指导方法</td><td>10</td><td></td><td></td><td></td></tr>
<tr><td>4. 仪态自然、大方得体，具备托育服务工作者基本职业素养</td><td>10</td><td></td><td></td><td></td></tr>
<tr><td>5. 游戏完成较好，达成游戏目的</td><td>10</td><td></td><td></td><td></td></tr>
<tr><td>游戏总结与反思（10分）</td><td>能从婴幼儿游戏水平、成人指导游戏和游戏效果等方面进行总结与反思</td><td>10</td><td></td><td></td><td></td></tr>
<tr><td>合计</td><td></td><td>100</td><td></td><td></td><td></td></tr>
<tr><td colspan="3">过程性得分总计</td><td colspan="3"></td></tr>
<tr><td>评价意见</td><td colspan="5">教师：
日期：</td></tr>
</table>

实训任务七　19～21个月幼儿游戏活动设计

实训任务

一、任务实施

<table>
<tr><td colspan="2">(一) 任务名称
19～21个月幼儿游戏活动设计</td></tr>
<tr><td colspan="2">(二) 任务目的
1. 能够根据19～21个月幼儿的发展特点进行五大领域游戏活动方案设计。
2. 能够根据设计的游戏活动方案进行游戏组织实施。</td></tr>
<tr><td colspan="2">(三) 具体要求
1. 以小组为单位为19～21个月幼儿设计五大领域游戏方案，方案中应包括游戏名称、游戏目的、游戏准备、游戏玩法、游戏指导。
2. 每组设计领域内容随机抽取。
3. 随机抽取小组内一人来进行游戏方案的组织实施。</td></tr>
<tr><td colspan="2">(四) 工作小组
班级：
小组名称：
小组组长：
小组成员：</td></tr>
<tr><td colspan="2">(五) 任务实施</td></tr>
<tr><td>1. 确定游戏名称</td><td>(1) 游戏名称：
(2) 游戏类型：
A. 动作发展类游戏 B. 认知发展类游戏 C. 语言发展类游戏 D. 情感与社会性发展类游戏 E. 艺术启蒙类游戏
(3) 设计原因：</td></tr>
<tr><td>2. 撰写游戏方案</td><td>(1) 游戏目的：

(2) 游戏准备：

</td></tr>
</table>

续表

2. 撰写游戏方案	（3）游戏玩法： （4）游戏指导：
3. 准备游戏材料	
4. 游戏活动组织与实施	粘贴游戏活动过程图
（六）任务总结与反思	

二、任务评价

实训评分表

班级： 任务名称： 得分：

内容	指标	分值	学生自评（20%）	学生互评（30%）	教师评价（50%）
游戏方案整体设计情况（40 分）	1. 遵循各月龄段婴幼儿身心发展概况，有教育性	15			
	2. 游戏目的表述清楚，可测性、可操作性强；符合婴幼儿年龄阶段特点	10			
	3. 游戏过程设计科学合理；整体条理清晰，结构完整	15			
游戏实施过程（50 分）	1. 游戏准备充分，材料齐全，且有自制游戏材料	10			
	2. 游戏实施过程环节清楚，能依据计划引导整个游戏过程	10			
	3. 能较好地与婴幼儿进行交流沟通，并能提供多样化指导方法	10			
	4. 仪态自然、大方得体，具备托育服务工作者基本职业素养	10			
	5. 游戏完成较好，达成游戏目的	10			
游戏总结与反思（10 分）	能从婴幼儿游戏水平、成人指导游戏和游戏效果等方面进行总结与反思	10			
合计		100			
过程性得分总计					
评价意见	教师： 日期：				

实训任务八　22～24 个月幼儿游戏活动设计

实训任务

一、任务实施

<table>
<tr><td colspan="2">(一) 任务名称
22～24 个月幼儿游戏活动设计</td></tr>
<tr><td colspan="2">(二) 任务目的
1. 能够根据 22～24 个月幼儿的发展特点进行五大领域游戏活动方案设计。
2. 能够根据设计的游戏活动方案进行游戏组织实施。</td></tr>
<tr><td colspan="2">(三) 具体要求
1. 以小组为单位为 22～24 个月幼儿设计五大领域游戏方案，方案中应包括游戏名称、游戏目的、游戏准备、游戏玩法、游戏指导。
2. 每组设计领域内容随机抽取。
3. 随机抽取小组内一人来进行游戏方案的组织实施。</td></tr>
<tr><td colspan="2">(四) 工作小组
班级：
小组名称：
小组组长：
小组成员：</td></tr>
<tr><td colspan="2">(五) 任务实施</td></tr>
<tr><td>1. 确定游戏名称</td><td>(1) 游戏名称：
(2) 游戏类型：
A. 动作发展类游戏 B. 认知发展类游戏 C. 语言发展类游戏 D. 情感与社会性发展类游戏 E. 艺术启蒙类游戏
(3) 设计原因：</td></tr>
<tr><td>2. 撰写游戏方案</td><td>(1) 游戏目的：

(2) 游戏准备：

</td></tr>
</table>

续表

2. 撰写游戏方案	（3）游戏玩法： （4）游戏指导：
3. 准备游戏材料	
4. 游戏活动组织与实施	粘贴游戏活动过程图
(六) 任务总结与反思	

二、任务评价

实训评分表

班级：　　　　　　　　　　　　　　任务名称：　　　　　　　　　　　　得分：

内容	指标	分值	学生自评（20%）	学生互评（30%）	教师评价（50%）
游戏方案整体设计情况（40分）	1. 遵循各月龄段婴幼儿身心发展概况，有教育性	15			
	2. 游戏目的表述清楚，可测性、可操作性强；符合婴幼儿年龄阶段特点	10			
	3. 游戏过程设计科学合理；整体条理清晰，结构完整	15			
游戏实施过程（50分）	1. 游戏准备充分，材料齐全，且有自制游戏材料	10			
	2. 游戏实施过程环节清楚，能依据计划引导整个游戏过程	10			
	3. 能较好地与婴幼儿进行交流沟通，并能提供多样化指导方法	10			
	4. 仪态自然、大方得体，具备托育服务工作者基本职业素养	10			
	5. 游戏完成较好，达成游戏目的	10			
游戏总结与反思（10分）	能从婴幼儿游戏水平、成人指导游戏和游戏效果等方面进行总结与反思	10			
合计		100			
过程性得分总计					
评价意见	教师： 日期：				

实训任务九　25～30个月幼儿游戏活动设计

实训任务

一、任务实施

<table>
<tr><td colspan="2">(一) 任务名称
25～30个月幼儿游戏活动设计</td></tr>
<tr><td colspan="2">(二) 任务目的
1. 能够根据25～30个月幼儿的发展特点进行五大领域游戏活动方案设计。
2. 能够根据设计的游戏活动方案进行游戏组织实施。</td></tr>
<tr><td colspan="2">(三) 具体要求
1. 以小组为单位为25～30个月幼儿设计五大领域游戏方案，方案中应包括游戏名称、游戏目的、游戏准备、游戏玩法、游戏指导。
2. 每组设计领域内容随机抽取。
3. 随机抽取小组内一人来进行游戏方案的组织实施。</td></tr>
<tr><td colspan="2">(四) 工作小组
班级：
小组名称：
小组组长：
小组成员：</td></tr>
<tr><td colspan="2">(五) 任务实施</td></tr>
<tr><td>1. 确定游戏名称</td><td>（1）游戏名称：
（2）游戏类型：
A. 动作发展类游戏 B. 认知发展类游戏 C. 语言发展类游戏 D. 情感与社会性发展类游戏 E. 艺术启蒙类游戏
（3）设计原因：</td></tr>
<tr><td>2. 撰写游戏方案</td><td>（1）游戏目的：

（2）游戏准备：</td></tr>
</table>

续表

2. 撰写游戏方案	（3）游戏玩法： （4）游戏指导：
3. 准备游戏材料	
4. 游戏活动组织与实施	粘贴游戏活动过程图
（六）任务总结与反思	

二、任务评价

实训评分表

班级：　　　　　　　　　　　　　　任务名称：　　　　　　　　　　　　　得分：

内容	指标	分值	学生自评（20%）	学生互评（30%）	教师评价（50%）
游戏方案整体设计情况（40 分）	1. 遵循各月龄段婴幼儿身心发展概况，有教育性	15			
	2. 游戏目的表述清楚，可测性、可操作性强；符合婴幼儿年龄阶段特点	10			
	3. 游戏过程设计科学合理；整体条理清晰，结构完整	15			
游戏实施过程（50 分）	1. 游戏准备充分，材料齐全，且有自制游戏材料	10			
	2. 游戏实施过程环节清楚，能依据计划引导整个游戏过程	10			
	3. 能较好地与婴幼儿进行交流沟通，并能提供多样化指导方法	10			
	4. 仪态自然、大方得体，具备托育服务工作者基本职业素养	10			
	5. 游戏完成较好，达成游戏目的	10			
游戏总结与反思（10 分）	能从婴幼儿游戏水平、成人指导游戏和游戏效果等方面进行总结与反思	10			
合计		100			
过程性得分总计					
评价意见	教师： 日期：				

实训任务十　31～36个月幼儿游戏活动设计

实训任务

一、任务实施

<table>
<tr><td colspan="2">(一) 任务名称
31～36个月幼儿游戏活动设计</td></tr>
<tr><td colspan="2">(二) 任务目的
1. 能够根据31～36个月幼儿的发展特点进行五大领域游戏活动方案设计。
2. 能够根据设计的游戏活动方案进行游戏组织实施。</td></tr>
<tr><td colspan="2">(三) 具体要求
1. 以小组为单位为31～36个月幼儿设计五大领域游戏方案，方案中应包括游戏名称、游戏目的、游戏准备、游戏玩法、游戏指导。
2. 每组设计领域内容随机抽取。
3. 随机抽取小组内一人来进行游戏方案的组织实施。</td></tr>
<tr><td colspan="2">(四) 工作小组
班级：
小组名称：
小组组长：
小组成员：</td></tr>
<tr><td colspan="2">(五) 任务实施</td></tr>
<tr><td>1. 确定游戏名称</td><td>(1) 游戏名称：
(2) 游戏类型：
A. 动作发展类游戏 B. 认知发展类游戏 C. 语言发展类游戏 D. 情感与社会性发展类游戏 E. 艺术启蒙类游戏
(3) 设计原因：</td></tr>
<tr><td>2. 撰写游戏方案</td><td>(1) 游戏目的：

(2) 游戏准备：</td></tr>
</table>

续表

2. 撰写游戏方案	（3）游戏玩法： （4）游戏指导：
3. 准备游戏材料	
4. 游戏活动组织与实施	粘贴游戏活动过程图
（六）任务总结与反思	

二、任务评价

实训评分表

班级：　　　　　　　　　　　　任务名称：　　　　　　　　　　　　得分：

内容	指标	分值	学生自评（20%）	学生互评（30%）	教师评价（50%）
游戏方案整体设计情况（40分）	1. 遵循各月龄段婴幼儿身心发展概况，有教育性	15			
	2. 游戏目的表述清楚，可测性、可操作性强；符合婴幼儿年龄阶段特点	10			
	3. 游戏过程设计科学合理；整体条理清晰，结构完整	15			
游戏实施过程（50分）	1. 游戏准备充分，材料齐全，且有自制游戏材料	10			
	2. 游戏实施过程环节清楚，能依据计划引导整个游戏过程	10			
	3. 能较好地与婴幼儿进行交流沟通，并能提供多样化指导方法	10			
	4. 仪态自然、大方得体，具备托育服务工作者基本职业素养	10			
	5. 游戏完成较好，达成游戏目的	10			
游戏总结与反思（10分）	能从婴幼儿游戏水平、成人指导游戏和游戏效果等方面进行总结与反思	10			
合计		100			
过程性得分总计					
评价意见	教师： 日期：				

实训任务十一　婴幼儿游戏观察记录

实训任务

一、任务实施

<table>
<tr><td colspan="2">(一) 任务名称
婴幼儿游戏观察记录</td></tr>
<tr><td colspan="2">(二) 任务目的
1. 掌握婴幼儿游戏观察记录的方法。
2. 能整理分析婴幼儿的游戏观察记录。</td></tr>
<tr><td colspan="2">(三) 具体要求
1. 在见习活动中，选取一个婴幼儿游戏进行观察。
2. 选择一种恰当的方法对该游戏进行记录。
3. 对观察记录进行整理和分析。</td></tr>
<tr><td colspan="2">(四) 工作小组
班级：
小组名称：
小组组长：
小组成员：</td></tr>
<tr><td colspan="2">(五) 任务实施</td></tr>
<tr><td>1. 选取婴幼儿游戏活动案例</td><td>(1) 游戏名称：
(2) 婴幼儿年龄段：(月)
(3) 游戏类型：
(4) 游戏目的：

(5) 游戏准备：

(6) 游戏玩法：

(7) 游戏活动案例描述：</td></tr>
</table>

续表

2. 选择观察记录的方法	（1）观察记录的方法： （2）记录的内容：
3. 整理和分析观察记录	整理和分析：
4. 小组展示汇报	（1）分享小组分工情况： （2）选用的记录方式以及记录的内容： （3）整理和分析的结果：
5. 评价	（1）小组自评： （2）小组互评： （3）教师点评：
（六）任务总结与反思	

二、任务评价

婴幼儿游戏观察记录实训评分表

班级：　　　　　　　　任务名称：　　　　　　　　得分：

内容	指标	分值	学生自评（20%）	学生互评（30%）	教师评价（50%）
理论知识	了解观察记录的方法	10			
	掌握观察记录的整理与分析	10			
实操技能	根据实际情况，选用适当的观察记录方法	10			
	准确、合理运用观察记录方式	10			
	能基于观察记录进行整理和分析	20			
表达能力	乐于讨论，发表自己的见解，条理清晰	10			
责任意识	自觉遵章守纪，完成实训任务	10			
学习态度	积极参与小组活动	10			
团队合作	团队协作融洽，团队合作意识强	10			
合计		100			
过程性得分总计					
评价意见	教师： 日期：				

实训任务十二　婴幼儿游戏干预

实训任务

一、任务实施

<table>
<tr><td colspan="2">(一) 任务名称
婴幼儿游戏干预</td></tr>
<tr><td colspan="2">(二) 任务目的
1. 掌握婴幼儿游戏干预的方法。
2. 能有效干预婴幼儿的游戏活动。</td></tr>
<tr><td colspan="2">(三) 具体要求
1. 在见习活动中，选取一个婴幼儿游戏进行观察和评价。
2. 筛选出一个突出案例进行描述，小组分工合作，讨论干预计划，包括教养者介入与否、介入时机、恰当的介入方法，以及介入的有效性。
3. 随机抽取小组内一人对本小组的分工情况、干预计划进行展示汇报。
4. 开展小组自评、互评以及教师评价。
5. 各小组总结、反思评价。</td></tr>
<tr><td colspan="2">(四) 工作小组
班级：
小组名称：
小组组长：
小组成员：</td></tr>
<tr><td colspan="2">(五) 任务实施</td></tr>
<tr><td>1. 选取婴幼儿游戏活动案例</td><td>(1) 游戏名称：
(2) 婴幼儿年龄段：　　(月)
(3) 游戏类型：
(4) 游戏目的：

(5) 游戏准备：

(6) 游戏玩法：

(7) 游戏活动案例描述：</td></tr>
</table>

续表

2. 设计干预计划	（1）是否干预： （2）明确婴幼儿的发展需求： （3）介入时机： （4）介入方式：
3. 模拟干预婴幼儿游戏过程，获得干预的结果	介入结果分析：
4. 小组展示汇报	（1）分享小组分工情况： （2）干预计划、干预实施过程： （3）介入结果：
5. 评价	（1）小组自评： （2）小组互评： （3）教师点评：
（六）任务总结与反思	

二、任务评价

婴幼儿游戏干预实训评分表

班级：　　　　　　　　　　　　任务名称：　　　　　　　　　　得分：

内容	指标	分值	学生自评（20%）	学生互评（30%）	教师评价（50%）
理论知识	了解干预的时机	10			
	掌握介入的方法	10			
实操技能	基于观察与评价，明确婴幼儿的发展需求	10			
	选择恰当的介入时机	10			
	准确、合理运用介入方式	20			
表达能力	乐于讨论，发表自己的见解，条理清晰	10			
责任意识	自觉遵章守纪，完成实训任务	10			
学习态度	积极参与小组活动	10			
团队合作	团队协作融洽，团队合作意识强	10			
合计		100			
过程性得分总计					
评价意见	教师： 日期：				